DES MÊMES AUTEURS

Christophe Bertossi :

Les Mots et les Choses de l'immigration en France, Éditions du Trocadéro, 2021.

La Citoyenneté à la française. Valeurs et réalités, CNRS Éditions, 2016.

Les Couleurs du drapeau. L'armée française face aux discriminations (avec Catherine Wihtol de Wenden), Robert Laffont, 2007.

Les Frontières de la citoyenneté en Europe. Nationalité, résidence, appartenance, L'Harmattan, 2001.

Jan Willem Duyvendak :
Le Poids du politique. Nouveaux mouvements sociaux en France, L'Harmattan, 1994.

Aurélien Taché :
« 72 propositions pour une politique ambitieuse d'intégration des étrangers arrivant en France. Rapport au Premier ministre » (avec Sabine Fourcade, Catherine Hesse et Justin Babilotte), 2018.

Couverture : Thierry Oziel
Maquette : Marie-Édith Alouf
Correction : Vincent Langlois

Les petits matins, 10, rue de Chantilly, 75009 Paris
www.lespetitsmatins.fr

ISBN : 978-2-36383-314-3
Diffusion : Interforum – Volumen
Distribution : Interforum

CHRISTOPHE BERTOSSI
AURÉLIEN TACHÉ
JAN WILLEM DUYVENDAK

NATIVISME

CEUX QUI SONT NÉS QUELQUE PART... ET QUI VEULENT EN EXCLURE LES AUTRES

{ LES Petits matins }

SOMMAIRE

AVANT-PROPOS

Le projet de ce livre est né un matin d'août 2020 sur les routes sinueuses des Cévennes, entre Mandagout et Le Vigan. Christophe Bertossi rentrait d'un séjour à l'Institut d'études avancées des Pays-Bas, à Amsterdam, que dirige Jan Willem Duyvendak, et tous deux venaient de publier les résultats d'un travail de plusieurs années sur les usages du passé dans les débats contemporains relatifs aux migrations et à la diversité dans plusieurs pays européens. Ils poursuivaient là une enquête plus vaste traitant du nativisme en Europe, une notion que Jan Willem avait empruntée au contexte états-unien pour mettre en lumière l'évolution des débats concernant l'immigration et le multiculturalisme aux Pays-Bas. Un peu plus tôt ce matin-là, Aurélien Taché avait twitté sur son inquiétude à propos d'une régression des débats en France sur ces sujets.

Tout en conduisant, Christophe eut l'idée d'un dialogue à trois sur la manière dont les débats actuels sur l'immigration et l'islam engagent l'avenir de la démocratie, via une comparaison entre la situation française et celle des Pays-Bas. De retour à Paris, il proposa le projet à Aurélien et à Jan Willem, dont l'enthousiasme fut immédiat. Cinq séances de travail à distance furent organisées entre septembre 2020 et mai 2021, chacune étant enregistrée puis retravaillée pour donner naissance à un chapitre.

À l'exception du cinquième, tous les chapitres ont été rédigés d'une seule voix. Nous avons redonné forme à notre discussion à trois dans ce dernier chapitre, car le thème abordé – l'action nécessaire pour répondre au nativisme – rendait difficile, du fait de sa dimension plus politique, la fusion complète des perspectives de l'homme politique, du chercheur français et du chercheur néerlandais.

Nous remercions Capucine Durieux
pour son aide précieuse pendant toute la durée du projet.
Sans elle, il eût été impossible de le mener à son terme.

INTRODUCTION

Depuis des années, l'extrême droite et ses idées progressent dans la société, sans que l'on ne sache plus vraiment les situer ou les qualifier. Doit-on parler d'ultraconservatisme? De pensée réactionnaire? De populisme? De fascisme? Aucune de ces catégories ne permet de recouvrir pleinement l'idéologie qui sous-tend cette évolution politique, à tel point que l'on pourrait être tenté de se dire qu'il ne s'agit que d'un pot-pourri d'idées qui n'ont pas grand-chose à voir entre elles, hormis le fait d'être globalement hostiles aux étrangers.

En effet, certains courants ou personnalités mettront l'accent sur le danger que les étrangers représenteraient pour l'«identité culturelle» ou «chrétienne» de la nation, quand d'autres insisteront sur la menace qui pèserait sur les droits des femmes et des personnes LGBT ou sur la laïcité. Les uns dénonceront «l'armée de réserve du capital» constituée à leurs yeux par les étrangers et chercheront à convaincre les catégories populaires que l'immigration menace leurs acquis sociaux. D'autres se focaliseront davantage sur l'homogénéité ethno-raciale qui devrait unir des catégories sociales diverses (et néanmoins toujours hiérarchisées).

Il existe pourtant un point commun entre toutes ces sensibilités: quel que soit l'argument utilisé pour exprimer une hostilité aux étrangers, il en ressort la même idée selon laquelle le degré d'appartenance à la nation se mesure en termes « d'ancienneté » et, partant, à l'aune d'une certaine forme de « pureté ». En clair, il y aurait des Français « de souche » et d'autres « de papier ». Un raisonnement qui cherche à exclure les vagues d'immigration les plus récentes, c'est-à-dire celles qui sont perçues comme étant majoritairement de culture musulmane. De fait, ce sont bien elles qui sont le plus souvent ciblées.

Cette idée d'un privilège du « natif » sur les personnes arrivées plus récemment est à la base de ce que nous appelons dans cet ouvrage « nativisme[1] ». La conception nativiste de la société refuse l'égalité entre les citoyens et propose de les classer par ordre d'arrivée et de proximité (ethnique, religieuse ou culturelle), en déterminant de manière purement arbitraire le moment où la « communauté nationale » se refermera et quels groupes pourront ou non l'intégrer.

Le nativisme, au demeurant, ne vise pas uniquement les groupes minoritaires. Il cible tout autant ceux qui, bien que « natifs » eux-mêmes, sont assimilés à une « élite multiculturaliste » et « cosmopolite » – c'est-à-dire tous ceux ayant

1. La définition classique du nativisme a été donnée en 1955 par John Higham, *Strangers in the Land. Patterns of american nativism, 1860-1925*, Rutgers University Press, 2011 [1955]. Voir Josip Kesic et Jan Willem Duyvendak, « The nation under threat : secularism, racial and populist nativism in the Netherlands », *Patterns of Prejudice*, n° 53, 2019, p. 441-463 ; « Secularist nativism : national identity and the religious other in the Netherlands », dans Markus Balkenhol *et al.* (dir.), *The Secular Sacred. Emotions of belonging and the perils of nation and religion*, Palgrave Macmillan, 2020, p. 155-171 ; Jan Willem Duyvendak, « Nativism across the Atlantic : the end of exceptionalisms ? », dans Erik Jones (dir.), *European Studies. Past, present and future*, Agenda Publishing, 2020, p. 99-102 ; « Nativist understandings : the presence of the past in contemporary Dutch debates on national identity », *Journal of Ethnic and Migration Studies*, 7 octobre 2020.

une autre conception du pluralisme culturel et religieux dans une société. Ils se voient également détachés de l'ensemble national et désignés par la rhétorique nativiste comme des «étrangers de l'intérieur», en rupture avec la «véritable» identité nationale et, par exemple, ce qui est «typiquement français». Le succès rapide du vocable «islamo-gauchiste» s'inscrit pleinement dans cette perspective.

C'est cette idéologie qui domine aujourd'hui au Rassemblement national (RN) et qui irrigue peu à peu l'ensemble du débat public et du paysage politique français. En opérant une «culturalisation» de la citoyenneté[2], l'idéologie nativiste autorise ainsi certains – y compris dans une partie de la gauche – à dénoncer une prétendue «insécurité culturelle», cette expression laissant entendre que les mœurs, goûts ou coutumes de certains étrangers nuiraient au bien-être et à la «sécurité» des Français[3].

Mêler le sécuritaire et l'identitaire pour penser le bien commun est toujours extrêmement dangereux. Par ailleurs, comme cadre d'analyse, cela n'a aucun sens: cela ne permet pas d'expliquer l'évolution des appartenances et des «identités» dans nos sociétés; il faut faire beaucoup plus d'efforts pour y parvenir… En revanche, ce type d'argument a un effet majeur en tant que rhétorique politique – car c'est bien de cela qu'il s'agit. Il en découlera, logiquement, une approche identitaire de la laïcité, permettant notamment de taxer d'«islamo-gauchisme» ceux qui s'inquiètent de la progression du racisme antimusulman

2. Jan Willem Duyvendak *et al.* (dir.), *The Culturalization of Citizenship. Belonging and polarization in a globalizing world*, Palgrave Macmillan, 2016; voir également Christophe Bertossi, *La Citoyenneté à la française. Valeurs et réalités*, CNRS Éditions, 2016.

3. La notion d'insécurité culturelle est d'ailleurs née à gauche, formalisée par Laurent Bouvet et reprise ensuite, notamment, par les membres du Printemps républicain.

(notamment depuis les terribles attentats que la France a connus), c'est-à-dire ceux qui dénoncent les discriminations et défendent les libertés. Dans la logique nativiste, en effet, les libertés ne sont pas reconnues à toutes les personnes de la même manière. Le choix libre et individuel du port du voile par une femme, par exemple, est nié pour être transformé en signe « anti-français ». Cela conduit à une rupture avec le libéralisme politique et les droits humains.

On finit dès lors par appeler à défendre la République au nom de prétendues valeurs qu'il faudrait protéger mais qui ne traduisent en réalité qu'une conception fermée de l'identité nationale. Au nom d'un universalisme dévoyé, on rompt avec le caractère universel de la Déclaration des droits de l'homme du citoyen, proclamée par les enfants des Lumières en 1789. Pour tout humaniste sincère, il ne peut y avoir de République qui ne soit fermement arrimée à la démocratie et aux droits humains. Sans cela, elle tourne le dos à la devise qui lui a été donnée : « Liberté, Égalité, Fraternité ». C'est là le piège que le nativisme tend à la République.

On prend d'autant mieux la mesure de ce piège que l'on repère la même évolution dans plusieurs pays. On perçoit des convergences frappantes entre des États qui possédaient pourtant jusque-là des traditions politiques très différentes : le Royaume-Uni, les États-Unis, les Pays-Bas, sans parler des versions singulières que l'on a vues émerger dans l'est de l'Europe, de la Hongrie à la Pologne. On aurait pu imaginer, malgré tout, que la France resterait immunisée contre cette montée du nativisme. Le fondement de son pacte démocratique – la République – repose en effet sur une conception intrinsèquement politique, non ethnique, de la nation. Pourtant, en dépit de cette appréhension non identitaire de la citoyenneté, la France a connu, comme d'autres, la vague nativiste. Comment l'expliquer? La comparaison avec d'autres pays est utile pour répondre à cette question. Elle nous paraît la meilleure stratégie pour bien saisir comment fonctionne le discours politique nativiste et ainsi faire ressortir sa singularité et sa cohérence. C'est pourquoi nous avons choisi de mettre en regard la France et les Pays-Bas.

Certains diront qu'on ne peut imaginer pays plus différents que ces deux-là. Leurs traditions politiques, leur histoire nationale, leur rapport à l'immigration et à la diversité: tout semble les opposer. D'un côté, nous avons l'universalisme républicain à la française, avec son refus de reconnaître toute appartenance hormis la citoyenneté. De l'autre, nous avons le fameux «multiculturalisme» néerlandais, un pays de minorités culturelles et religieuses longtemps organisées de façon séparée: en bref, tout l'opposé du «modèle» français de citoyenneté. Cette opposition terme à terme entre la France et les Pays-Bas renferme trop de raccourcis pour être prise pour argent comptant, comme nous le verrons dans les pages qui suivent. Mais il n'y a rien de tel que la comparaison entre deux pays de prime abord incomparables pour faire ressortir la cohérence du phénomène qu'il s'agit d'étudier. Or en France comme aux Pays-Bas environ une décennie plus tôt, la montée en puissance du nativisme s'est imposée d'une façon et dans des termes très similaires, pour ne pas dire identiques. Observer minutieusement la construction du discours nativiste aux Pays-Bas, c'est donc mieux comprendre ce qui nous arrive, depuis déjà quelques années, en France.

Ce constat appelle une autre précision. Notre propos n'est pas de prétendre que le nativisme serait une réalité nouvelle ou inédite du débat politique. À d'autres moments de l'histoire, il l'a emporté sur d'autres manières de concevoir le rapport aux droits, à l'égalité et à la liberté. Ne serait-ce qu'en France, pensons à la vague boulangiste à la fin du XIXe siècle ou à la montée de l'antisémitisme durant l'entre-deux-guerres, lorsqu'une pensée politique violente s'est construite pour exclure de la « communauté nationale » les « métèques » et leurs « alliés cosmopolites ». Nous ne faisons donc pas mine de découvrir quelque chose de nouveau. Ce que nous souhaitons faire, en revanche, c'est expliquer comment une autre rhétorique d'exclusion – le nativisme – s'ajoute aujourd'hui au racisme, à l'antisémitisme et à la xénophobie – qui n'ont pas disparu de nos sociétés –, et cela d'une manière qui ne peut laisser personne indifférent. Le nativisme repose sur une logique qui lui est propre et qui exerce des effets très profonds sur la recomposition du débat politique et les perceptions des appartenances et de la citoyenneté dans nos pays. C'est cette singularité et ces effets que nous désirons mettre en lumière pour expliquer la progression actuelle des idées de l'extrême droite en France.

Pour ce faire, il nous a paru important d'engager un dialogue sincère, de fond, entre des chercheurs en sciences sociales (Christophe Bertossi et Jan Willem Duyvendak) et un responsable politique (Aurélien Taché). C'est l'une des originalités de cet ouvrage que d'avoir tenu la plume à trois à partir de perspectives aussi différentes. Dans une célèbre leçon[4], Max Weber a appelé à la plus grande vigilance à propos de la distance qui doit séparer le « savant et le politique ». En temps démocratique normal, cette vigilance est précisément ce qui permet au discours scientifique de

4. Max Weber, *Le Savant et le Politique*, 10/18, 2002 [1917-1919].

conserver sa portée critique et de ne pas engager ce que Weber appelle la « guerre des dieux », c'est-à-dire la bataille idéologique sur des questions auxquelles le « savant » est, par définition, étranger.

Mais nous ne vivons pas dans un temps démocratique normal. Ce qui nous réunit tous les trois, c'est le constat que nous traversons un temps démocratique exceptionnel, qui met à l'épreuve à la fois la raison démocratique de l'ordre politique et la raison scientifique de l'ordre de la connaissance. Or, sans démocratie, la science étouffe. Sans savoir critique, la démocratie se meurt. C'est précisément à ce double sursaut démocratique et critique que nous appelons dans ce livre.

Chapitre 1
COMMENT EN SOMMES-NOUS ARRIVÉS LÀ ?

Parler aujourd'hui d'immigration ou d'islam, c'est avancer en terrain miné. C'est le cas depuis plusieurs années dans l'arène du débat politique ; ce qui est nouveau, en revanche, c'est que ce constat s'applique désormais également à toute forme d'analyse rationnelle sur le sujet. Après l'attentat contre l'enseignant Samuel Paty survenu en octobre 2020, des chercheurs ont été interpellés par le débat public, leurs travaux contestés, les universités malmenées par des clivages politiques qui n'ont plus rien à voir avec des partis pris scientifiques. On a contesté l'autonomie de la connaissance scientifique sur la société, autonomie qui fonde pourtant le rôle des chercheurs dans une démocratie moderne. Leurs analyses sont de moins en moins audibles.

Autre nouveauté : l'ultra-droite n'est plus l'épicentre de la question. Tout le spectre politique est désormais traversé par cette problématique d'une sensibilité extrême. Il n'est plus d'espace où l'on puisse appréhender sereinement et rationnellement les réalités de l'immigration et de l'islam. La raison démocratique a disparu de notre manière de penser, de comprendre et de parler de l'immigration et de la diversité culturelle et religieuse en France.

On l'aura compris, notre objectif n'est pas d'ajouter du clivage aux clivages existants. Nous voulons donner à comprendre comment ces débats se sont constitués – sur une période assez brève –, comment ils s'organisent et quelles en sont les dynamiques. Nous souhaitons mettre en lumière ce qui fonde ce champ de mines que représente aujourd'hui le débat sur l'immigration, les identités et les « valeurs républicaines ». Comment en sommes-nous arrivés là ? Pourquoi la question de l'islam est-elle devenue si centrale ? Quelles conséquences cette situation a-t-elle sur notre capacité à faire société et à produire du commun ?

Depuis les attentats de 2015

Un premier élément s'impose : il s'agit des attentats meurtriers qui ont frappé la France depuis 2015. Inscrits dans les mouvances du djihadisme international, ils ont ravivé une lecture de l'immigration comme un problème sécuritaire. Il est donc apparu logique de répondre à ce problème, notamment à l'échelle européenne, en envisageant les politiques migratoires comme un outil de lutte contre le terrorisme. Force est pourtant de constater que la majorité des auteurs de ces attentats sont des citoyens français, certains d'origine immigrée mais pas tous. Selon le Centre d'analyse du terrorisme, sur la trentaine d'auteurs d'attaques au cours des dernières années, 62 % étaient français (67 % si l'on inclut les tentatives avortées)[5]. Cela signifie que la violence qui a endeuillé la France n'est pas importée mais produite au sein même de notre société.

C'est donc plutôt sur le terrain de la citoyenneté que se situe l'enjeu. Or ce terrain a été sous-investi depuis 2015. Rien n'a été entrepris depuis les attentats contre

5. Julia Pascual, « Le lien entre terrorisme et immigration à l'épreuve des faits », *Le Monde*, 12 novembre 2020.

Charlie Hebdo et l'Hyper Cacher de la porte de Vincennes pour éviter que la situation ne se dégrade et que la distance perçue ne grandisse encore entre des citoyens français qui, pour une partie d'entre eux, ne se comprennent pas.

Aujourd'hui, en effet, beaucoup de Français vivent dans un univers uniformément sécularisé et ne comprennent pas ce que signifie le fait de croire au XXIe siècle. À cela s'ajoutent une absence de connaissances à propos de la religion musulmane et une perception de l'islam comme étant davantage qu'une religion, ce qui l'empêcherait de s'inscrire dans le processus de sécularisation de la société française et de s'adapter à un État laïque. Beaucoup de personnes se posent des questions sur ces sujets, et il faut y répondre. Parallèlement, nombre de nos concitoyens musulmans pensent que, pour différentes raisons, il existe en France un rejet de ce qu'ils sont. Or, au lieu de tracer un chemin en construisant un cadre robuste pour analyser la situation ouverte par les attentats de 2015, on a laissé la situation se déliter et certains ont soufflé sur les braises. Rien n'a été entrepris pour faire dialoguer la nation, pour faire se comprendre des personnes qui, légitimement, ont besoin de poser des mots sur la réalité. Pire, on perçoit un recul important en matière de culture politique dans la société française.

Nous reviendrons plus loin sur l'importance du rapport au passé pour forger du commun et sur les aspects ambivalents des usages de l'histoire en matière d'identités. Pour l'heure, il s'agit simplement de souligner combien le conflit entre une France catholique « fille aînée de l'Église » et une France anticléricale s'est appuyé sur l'existence d'une culture politique forte, incarnée dans des institutions – l'Église, l'École, les partis politiques. La laïcité est donc le résultat d'un processus historique dans lequel les acteurs savaient très clairement où se situait la dialectique.

Aujourd'hui, les points d'appui institutionnels et idéologiques qui ont produit la laïcité à la française se sont en grande partie dissous. Une partie de ces deux France qui auparavant s'opposaient se retrouvent néanmoins sur un point : le rejet des Français issus de l'immigration postcoloniale, souvent musulmans, parce que certains voient en eux une France « non blanche » ou « non chrétienne » et d'autres un retour du religieux qui, à leurs yeux, peut conduire au terrorisme. Mais – et l'élément est d'importance – cette convergence s'opère en l'absence d'une élite politique capable de décrire la réalité parce que manquant elle-même de culture politique.

Dès lors, les seuls attentats de 2015 ne suffisent pas à expliquer l'état actuel du débat. Face à l'épreuve immense qu'ont constituée ces attaques et celles des années suivantes, la réponse a été rhétorique, sans réflexivité véritable, sans travail en profondeur sur le sens à attacher à la notion de citoyenneté elle-même. Cette réponse n'a pas été politique, au sens fort du terme. Sous ce rapport, 2015 aura donc été une occasion manquée.

L'attentat atroce contre Samuel Paty, en octobre 2020, survient au bout de cette séquence durant laquelle rien n'a été fait – ou seulement des actes de nature à aggraver la situation (que l'on songe seulement au projet d'extension de déchéance de la nationalité proposé par François Hollande et Manuel Valls en 2015). Se sont ensuivis le délitement accéléré du débat, la remise en question de l'autonomie de la recherche, accusée d'armer le bras des terroristes, l'usage de la catégorie valise – et éminemment problématique – d'« islamo-gauchisme » pour délégitimer les acteurs scientifiques et associatifs travaillant sur l'antiracisme et la lutte contre les discriminations.

Du voile à la « bande de racailles » : l'émergence du nativisme

Il faut néanmoins remonter plus loin que 2015 pour saisir dans son entièreté la chronologie de cette évolution. Il fallait en effet que plusieurs conditions soient réunies pour que ce basculement prenne la forme qu'il a fini par adopter. Ces conditions ont été patiemment accumulées depuis le début des années 2000, dans une séquence qui succède elle-même à la construction du « problème de l'intégration » et du « problème de l'islam » à partir de la fin des années 1980.

Quelles ont été ces conditions ? Il a d'abord fallu construire la catégorie « musulmans », désignant un groupe supposé homogène et remplaçant les catégories utilisées précédemment pour identifier les immigrés postcoloniaux, qui étaient liées à leur région d'origine (« les Maghrébins »), à leur nationalité (« les Algériens ») ou à leur appartenance de classe (« les travailleurs immigrés ») et à leur position dans le système migratoire postcolonial français. Il a ensuite fallu faire de l'appartenance, avérée ou non, de ces populations à l'islam la clé explicative du « problème » de leur appartenance à la citoyenneté française. Enfin, il a fallu inscrire ce « problème » dans un système moral permettant de rendre illégitime la forme de leur appartenance à la citoyenneté : c'est ainsi que la notion de laïcité a fini par s'inscrire dans un débat qu'elle ne concernait jusqu'alors pas.

Il faut en effet se souvenir que, même après l'irruption du « foulard islamique » dans le débat français à la fin des années 1980, la laïcité ne constituait pas un cadre pour interroger la place de l'islam et des musulmans en France. La laïcité, c'était avant tout la « question scolaire », c'est-à-dire le rapport entre l'enseignement public et l'enseignement privé catholique. Il a donc fallu construire un lien – qui n'existait pas – entre la problématique de la diversité religieuse, celle de la diversité socioculturelle et celle du régime français de laïcité en tant que rapport entre les Églises et l'État. Ce travail ne s'est pas fait tout seul. Il a impliqué une mobilisation très importante d'acteurs institutionnels et d'« entrepreneurs moraux », selon l'expression d'Howard Becker[6].

Après les travaux de la commission Stasi, cette construction de la laïcité comme une question en lien avec l'islam a débouché, en 2004, sur une nouvelle organisation de la neutralité dans l'enceinte scolaire, désormais fondée sur l'interdiction des signes religieux « ostensibles ». Avant la loi de 2004, la neutralité confessionnelle de l'école s'accommodait du port du voile dès lors qu'il ne prenait pas la forme d'un prosélytisme religieux. Après, l'interdiction est devenue la nouvelle norme.

C'est à ce moment précis, et au gré de rapports complexes entre différents courants de la droite parlementaire, qu'est intervenu le propos de Nicolas Sarkozy, alors ministre de l'Intérieur, en déplacement en octobre 2005 sur la dalle du Val-d'Argent, à Argenteuil : « Vous en avez assez de cette bande de racailles ? On va vous en débarrasser ! » Il apparaît clairement pour tout le monde que ces « racailles » dont parle le ministre, ce sont les enfants de l'immigration.

6. Howard Becker, *Outsiders. Études de sociologie de la déviance*, Métailié, 2020 [1963].

D'une part, on supprime la police de proximité, qui contribuait à assurer la sécurité des habitants des quartiers populaires ; d'autre part, la grille de lecture mobilisée indique clairement que cette sécurité n'est plus une question de moyens des forces de l'ordre, car des personnes seraient de toute façon étrangères à notre conception de la civilisation.

Une rupture importante survient alors. On affirme publiquement que l'on n'est plus dans une logique de droits, mais dans une logique selon laquelle certaines cultures ou religions produisent du désordre et de la violence, et donc qu'elles ne peuvent pas trouver complètement leur place dans la société. On établit une différence entre ceux qui ont la nationalité « naturellement » et ceux qui l'ont obtenue du fait d'une procédure. Cette différence à l'intérieur de la catégorie de la citoyenneté française est légitimée par un discours et une pensée publics. C'est ce discours et cette pensée que nous désignons par la notion de « nativisme » dans cet ouvrage.

D'aucuns objecteront à ce diagnostic qu'il est contradictoire, car le nativisme est précisément ce à quoi la conception française de la citoyenneté s'oppose. S'il existe une singularité de la citoyenneté française, on nous dira qu'il faut aller la chercher précisément dans son opposition frontale à toutes les forces « communautaristes » qui établissent du « séparatisme » au sein de la société. D'où une incompatibilité entre la logique du nativisme et celle du modèle républicain. L'argument est le suivant : d'un côté, en vertu de ce modèle républicain, la citoyenneté française trouve sa source dans l'universalisme citoyen ; de l'autre, en rupture avec cet universalisme, le nativisme crée des frontières et une hiérarchie de valeurs qui fragmente cette citoyenneté…

Même en admettant qu'il y a loin du modèle à la réalité, on nous expliquera que cet écart n'enlève rien à la vertu de l'idéal républicain, qui refuse toute forme de rupture « multiculturelle » dans l'égalité abstraite qui unit les citoyens. *Exit* donc le nativisme, puisque lui et la République appartiennent à deux univers différents, régis par des lois politiques et morales mutuellement incompatibles.

Nous répondons à cette objection qu'elle fait elle-même partie du problème qu'il faut décrire. Elle implique en effet des relations d'équivalence entre universalisme, « valeurs républicaines » et laïcité qui sont loin d'être univoques. Nous maintenons donc que nous assistons à une montée du nativisme dans le débat français sur la République et son rapport à l'altérité car, loin de s'annuler, nativisme et citoyenneté républicaine se nourrissent l'un l'autre aujourd'hui dans le débat sur l'islam et l'immigration. C'est à montrer cela que le reste de cet ouvrage est consacré.

Modèle français *vs* modèle néerlandais : une fausse opposition

Pour ce faire, nous allons éclairer le jeu des catégories nativistes dans le débat républicain français en le comparant avec ce qui s'est passé aux Pays-Bas à partir du début des années 2000, et plus particulièrement après l'attentat qui a coûté la vie au cinéaste Theo Van Gogh à l'automne 2004. Cette mise en regard est intéressante en ce qu'elle permet de faire le pas de côté nécessaire pour voir plus distinctement fonctionner la logique nativiste en France.

Nous verrons bientôt que l'argument phare du discours nativiste français consiste à mettre en avant la supposée incapacité de certains groupes à jouer le jeu de l'« universalisme » (décrit par les « valeurs républicaines » et la laïcité), en raison d'un particularisme culturel et religieux (entendez l'islam), pour justifier leur volonté de placer ces groupes dans une position d'exclusion et d'inégalité. Derrière ce raisonnement, on trouve l'idée que les logiques « communautaristes » sont étrangères à l'ordre républicain et qu'elles correspondent plutôt à une organisation de la société propre au monde anglo-saxon et au multiculturalisme (ou « modèle multiculturel ») auquel il est communément associé. Cela signifie donc que la logique du discours nativiste, que l'on vient de résumer très succinctement, repose sur l'idée de deux « modèles » qui s'opposent l'un à l'autre : le républicanisme et le multiculturalisme. Pourtant, lorsque l'on s'affranchit de l'effet d'optique suggéré par cette opposition, on découvre une convergence manifeste entre la France et les Pays-Bas, censés pourtant être représentatifs de ces deux modèles.

Cette convergence prend plusieurs formes. En premier lieu, l'analyse d'une occasion manquée en France après 2015 s'applique tout autant à la situation néerlandaise après l'assassinat de Theo Van Gogh. Cet attentat a été interprété par la majorité des Néerlandais comme la preuve ultime de la faillite du multiculturalisme. Il faut remonter aux années 1980 et 1990 pour voir s'ouvrir les débats sur le « problème d'intégration » des musulmans. Mais ils se sont précisés entre 2002 et 2004, soit entre les meurtres de deux figures centrales du débat public hostiles à l'islam : le leader d'extrême droite Pim Fortuyn (abattu par un écologiste radicalisé) et Theo Van Gogh (tué par un individu se réclamant de l'islam).

Après la mort de Pim Fortuyn, une commission parlementaire a été mise en place pour analyser l'« échec de l'intégration» des immigrés aux Pays-Bas. Les conclusions du rapport Blok – du nom du président de cette commission – n'étaient finalement pas si négatives. Elles mettaient par exemple en évidence le fait que l'intégration se réalise quelles que soient les politiques en la matière : elle progresse bien davantage grâce à des logiques sociales et aux ressources mobilisées par les immigrés eux-mêmes qu'à la faveur de mesures gouvernementales.

Or ce constat partiellement positif fit scandale. Les membres de la commission furent attaqués de façon virulente, et particulièrement ceux d'entre eux qui étaient chercheurs. Ceux-là furent qualifiés d'«amis des musulmans» et accusés d'être des «gauchistes», les derniers aux Pays-Bas à avoir foi dans le multiculturalisme.

Theo Van Gogh a été assassiné au moment où le rapport Blok était en cours de finalisation. Le contexte qui en a découlé est très comparable à celui qui, en France, a suivi l'attaque contre Samuel Paty. Ce n'est pas l'attentat lui-même qui a produit la situation, mais il l'a aggravée rapidement. Sitôt le cinéaste tué, les commentaires politiques et journalistiques ont souligné que ce drame ne pouvait être considéré comme une surprise. Au contraire, les personnes hostiles aux musulmans ont clamé : «Nous l'avions bien dit !» Ces commentaires ont inscrit l'agression dans une suite logique et cohérente – sur le mode de l'évidence et de la véracité des éléments du débat qui avait précédé l'événement. Cela permettait d'insinuer que celui-ci dévoilait le véritable visage des musulmans aux Pays-Bas.

Lors de telles séquences, discours et événements s'articulent de manière analogue en France et aux Pays-Bas. Dans les deux cas, ce n'est pas l'événement qui suscite le récit : le second est déjà disponible lorsque le premier fait irruption dans la réalité. Une fois survenus, ces attentats sont venus confirmer des discours sur l'islam, les musulmans et leurs liens supposés avec l'islamisme radical et le terrorisme djihadiste. Dans le cas des Pays-Bas, le récit a été celui de « l'échec du multiculturalisme ». Après l'assassinat de Theo Van Gogh, il n'y a pas eu de réponse constructive pour faire face à la situation ouverte par cet attentat.

Au niveau local, une politique anti-radicalisation a mis l'accent sur la prévention, avec quelques ambiguïtés. Par exemple, à Amsterdam, si ces mesures n'étaient pas clairement antimusulmanes, elles n'en étaient pas moins fondées sur l'idée que tout musulman était une personne radicalisée en puissance. Elles s'appuyaient sur l'idée d'un groupe homogène (« les musulmans ») alors que la réalité est évidemment beaucoup plus complexe. Au niveau national, on a assisté à une intensification des débats sur l'identité nationale. Ceux-ci se sont concentrés sur « l'échec du multiculturalisme » et la nécessité d'opter pour une approche assimilationniste, monoculturelle, de l'intégration des immigrés.

Voilà donc un premier rapprochement avec la situation française, même si, en France, le débat s'est polarisé sur la défaillance du modèle républicain tandis qu'aux Pays-Bas il s'est focalisé sur l'échec du modèle multiculturel. Dans le premier cas, la réponse a consisté à renforcer le modèle ; dans le second, il s'est agi de le remplacer. Mais, les deux fois, c'est avec une conception monoculturelle de la citoyenneté que l'on a appréhendé la question de la place des musulmans dans leur société nationale.

L'école au cœur des débats

Un deuxième point de comparaison concerne la place de l'école dans ces débats. Aux Pays-Bas, la question a été aussi centrale qu'en France, pour des raisons liées à l'histoire néerlandaise et à l'héritage de la «pilarisation», sur lequel nous reviendrons en détail plus tard. La pilarisation consistait à organiser la vie sociale et publique aux Pays-Bas autour de trois «piliers», un pour chaque communauté : les catholiques, les protestants et les socio-démocrates. C'est en vertu de cet héritage que les écoles privées sont aujourd'hui financées par l'État, ce qui a offert aux musulmans néerlandais la possibilité de fonder leurs propres établissements, au demeurant peu nombreux. Or, quand des musulmans utilisent un droit comme celui-ci – qui existe pour tous les citoyens –, ils se retrouvent immédiatement sous le feu des critiques. On leur reproche d'être «communautaristes» et de mener des «vies parallèles» – ce que l'on ne reproche pas à d'autres groupes qui se saisissent des mêmes possibilités.

L'importance de l'école dans ces débats sur l'islam s'inscrit néanmoins dans des histoires nationales différentes. En France, la centralité de l'école a surtout concerné la nécessité d'unifier les populations en créant des citoyens français. Aux Pays-Bas, le point de départ est tout autre. En 1917, une loi a été votée pour éviter un conflit entre les protestants, les catholiques et les socio-démocrates. Le compromis a pris la forme de la liberté d'enseignement et du financement public des écoles privées. L'enseignement privé est donc devenu, pour cette raison, un symbole de l'identité nationale néerlandaise. Il s'agissait d'accepter les minorités et de traiter les autres groupes comme on voudrait être traité soi-même. En France, cette problématique a trouvé sa solution avec la laïcité et la loi de 1905, permettant de protéger la liberté de chacun de croire ou de ne pas croire, et de maintenir une égalité entre les cultes dans une relation d'indépendance vis-à-vis de l'État.

C'est le même objectif qui a été poursuivi dans chacun des deux pays. Ce n'est donc pas un hasard si l'on trouve aujourd'hui une similarité dans la façon dont l'école imprègne les débats sur l'islam. L'enjeu, aux Pays-Bas, est de garantir que l'enseignement privé transmette bien les valeurs communes nationales, notamment en matière d'égalité de genre, de sexualité et de liberté d'expression. Mais cela ne se fait pas sans créer une contradiction entre l'imposition par l'État de ces valeurs désormais au centre de l'identité nationale et une culture politique qui voit dans cette imposition l'illustration d'un État trop intrusif, allant à l'encontre de la définition de l'identité nationale héritée de l'histoire moderne du pays.

Cette culture politique rétive à l'intrusion de l'État dans la vie des personnes explique d'ailleurs les réactions de certains observateurs néerlandais au moment de l'« affaire du burkini » en France, ceux-ci s'interrogeant sur la façon dont l'État français avait littéralement touché au corps (privé) des femmes concernées en les obligeant à retirer ce vêtement de bain.

Cette contradiction est d'ailleurs plus ou moins forte en fonction du public visé. Ainsi, un scandale a éclaté fin 2020 aux Pays-Bas à propos d'écoles protestantes très rigoristes qui avaient demandé aux parents d'élèves de signer un contrat avec les établissements. Les parents y déclaraient vivre selon les préceptes de la Bible, et cela comprenait le rejet de l'homosexualité de manière tout à fait explicite.

Cette atteinte à la défense des droits LGBT a suscité une forte indignation publique. Face au tollé, le proviseur de l'un des établissements a réagi en exprimant sa surprise : à ses yeux, la question de l'égalité sexuelle était un problème qui ne concernait que les musulmans, les protestants constituant le centre indiscutable de l'identité néerlandaise et n'étant donc pas concernés par ces débats sur les « valeurs typiquement néerlandaises »... Autrement dit, l'utilisation d'un sujet comme celui de l'égalité sexuelle est tout à fait transparente : elle sert à marginaliser les musulmans, alors même qu'il existe des groupes chrétiens qui portent des conceptions de la sexualité bien plus conservatrices que celles de la majorité des musulmans du pays. Cet aspect est intéressant quand on le compare aux usages qui sont faits, en France, du thème de la laïcité à l'école, au nom par exemple de l'égalité entre hommes et femmes.

L'épineuse question du genre et de la sexualité

Cela nous conduit directement au troisième point de comparaison entre la France et les Pays-Bas, qui concerne la place très ambivalente qu'occupent l'égalité de genre et l'égalité sexuelle dans le discours républicain.

Depuis le début des années 2000, la reconnaissance des droits des minorités sexuelles est devenue un marqueur de l'identité nationale aux Pays-Bas. Or on observe que cette question s'est articulée directement au débat sur « l'échec du multiculturalisme ». L'attachement à ces droits n'existe pas parce que ceux-ci sont perçus comme des droits humains, mais parce qu'ils sont devenus une dimension intrinsèque de l'identité néerlandaise. Leur utilité politique tient au fait qu'ils sont « opposables » aux musulmans, présumés rétrogrades et donc incapables d'adhérer à cette identité nationale progressiste.

En même temps, il est très facile pour les partis de gauche d'embrasser cette identité formellement assez libérale. Bien plus conservatrice que la France avant 1968, la société néerlandaise s'est convertie après cette date à une vision des choses plus progressiste. Mais il faut comprendre ceci : ce progressisme promu en socle de l'identité nationale a été culturalisé, transformé en un attribut permanent. Il apparaît aujourd'hui comme une caractéristique immuable de la société néerlandaise depuis le XVIIe siècle, ce qui est évidemment inexact d'un point de vue historique. Pourtant, ce récit d'une société fondée sur la tolérance depuis l'époque de Spinoza est devenu un lieu commun du débat public.

Là encore, on perçoit le parallèle qui peut être fait avec la manière dont la laïcité est utilisée comme un marqueur de l'identité française, dans une conception identitaire qui fait disparaître la profondeur historique véritable. Dans les deux pays, le rapport à l'histoire disparaît via la réification des valeurs du présent, au nom d'un passé idéalisé qui n'a jamais vraiment existé. L'inscription de la « tolérance » comme une donnée « typiquement néerlandaise » se déploie dans un rapport au passé dénué de toute scientificité historique. La même logique sous-tend le rapport anhistorique à la laïcité que l'on peut identifier en France.

Ce tour de passe-passe idéologique a une conséquence importante. Il y a vingt-cinq ans, la « tolérance » (à l'étranger, à l'immigré, à « l'autre ») était au nombre des valeurs progressistes. En rabattant la question de l'intégration des musulmans sur celle du genre et de la sexualité, c'est aussi au nom de valeurs progressistes qu'on justifie désormais des formes d'intolérance à leur égard. On délégitime leur revendication d'égalité par principe en se réclamant de valeurs formellement universelles et inclusives.

Les sociétés française et néerlandaise ne sont pas devenues plus progressistes aujourd'hui qu'il y a deux décennies. Mais, dès lors qu'elles veulent contester l'appartenance des musulmans à la citoyenneté, certaines personnalités mobilisent des exemples concernant l'égalité hommes-femmes et les sexualités. La logique «les ennemis de mes ennemis sont mes amis» s'applique parfaitement à cette stratégie. En même temps, il y a tout de même une limite à l'opportunisme : lorsqu'on est très conservateur, il devient difficile d'invoquer les libertés relatives au genre et à la sexualité tout en restant crédible...

C'est sur ce point sans doute que la différence entre la France et les Pays-Bas est la plus évidente. La Manif pour tous a montré comment le débat, en France, est tout sauf clair sur ces sujets. Plutôt qu'un libéralisme progressiste, c'est un conservatisme assez classique qui domine encore le débat sur l'égalité hommes-femmes. Quant à l'extrême droite hexagonale, ses incursions sur le terrain des thématiques LGBT restent l'exception plutôt que la règle. Ces revendications sont en revanche tout à fait centrales aux Pays-Bas, défendues par un parti identitaire tel que le Parti pour la liberté de Geert Wilders.

Retrouver la raison

Ce bref voyage entre Paris et Amsterdam souligne donc trois aspects permettant de mieux décrire l'équation nativiste qui s'applique au débat sur la République. Le premier est le tournant culturaliste de la citoyenneté, qui s'est réalisé dans les deux pays en lien avec des appels à revenir à une politique d'assimilation des populations issues de l'immigration, afin de tourner la page d'un passé qui serait marqué par « l'échec » de l'intégration et du multiculturalisme. Le deuxième est l'importance donnée à l'école dans la construction d'un problème « communautariste » qui serait spécifiquement musulman, dans des sociétés fondées sur les valeurs libérales et la citoyenneté. Enfin, le troisième concerne la transformation de la valeur de « tolérance ». Vecteur d'inclusion il y a encore deux décennies, elle s'est progressivement muée en un principe justifiant l'exclusion des citoyens musulmans.

De là, on voit apparaître un tout autre tableau que celui habituellement dépeint par l'opposition entre multiculturalisme et républicanisme. Il apparaît que la question est bien plus large que celle du choix d'une politique de citoyenneté. Cela fait plus de deux décennies maintenant que le débat français s'est enfermé dans une fausse alternative entre intégration et assimilation, rendue d'autant plus prégnante que l'on faisait ailleurs, au même moment, le constat de la « faillite » du multiculturalisme – dont même les Néerlandais revenaient.

En mettant en relief le nativisme à l'œuvre dans les débats sur l'immigration et l'islam, notre lecture de la situation montre combien l'opposition entre modèles nationaux est dépassée pour qui veut comprendre les mécanismes d'inclusion et d'exclusion dans nos sociétés. Elle révèle comment ont été travestis en principes universels des valeurs qui sont en fait définies en termes très identitaires. Elle permet de comprendre les contradictions entre l'aspect formel du débat sur la laïcité (celui qui se réfère constamment aux principes de l'universalisme républicain), le travestissement dont la laïcité fait l'objet (un principe transposé en identité culturelle) et ses effets sur la société (des effets d'exclusion beaucoup plus que d'inclusion).

Ce faisant, nous espérons que cette analyse permette de rouvrir l'espace de la discussion, pour pouvoir sortir du champ de mines que nous avons décrit. Il n'est pas sain, dans une démocratie, que la discussion sur les questions d'immigration, de citoyenneté et de diversité culturelle et religieuse devienne sensible au point que la raison disparaisse, remplacée par la surenchère politicienne.

C'est là le sens de notre démarche. Il existe un enjeu de vérité, qui n'est pas seulement une valeur scientifique mais concerne plus généralement l'impératif citoyen de mieux comprendre notre monde et de lever les malentendus qui existent. Or beaucoup de choses sont mal comprises concernant la réalité sur le terrain des pratiques d'appartenance en France. C'est aussi le cas des Pays-Bas, cet autre terrain d'exploration que nous avons utilisé. Notre premier objectif est donc ici un objectif de connaissance et de compréhension.

Il existe également un enjeu politique, au sens fort du terme, derrière la critique du nativisme dans le débat français sur la citoyenneté. Cela tient à un malentendu qui voudrait que la gauche ait conduit des politiques «culturelles» plutôt que «sociales», en promouvant les identités des immigrés et de leurs enfants. On l'accuse ainsi, en France comme aux Pays-Bas, d'avoir mené des politiques plus multiculturelles qu'assimilationnistes. On blâme ces politiques «culturelles» parce qu'elles auraient créé beaucoup de problèmes. Face aux accusations, la gauche se trouve en situation de devoir se justifier. Or, en se justifiant, elle produit à son tour une rhétorique qui intègre des éléments nativistes.

Encore une fois, l'exemple néerlandais permet de prendre la mesure de ce qui est en train de se passer en France. Après l'assassinat de Theo Van Gogh, les minorités musulmanes n'ont pas été la seule cible du nativisme. Celui-ci est aussi né d'un discours d'exclusion visant une certaine élite engagée dans la lutte contre le racisme, présente notamment dans le monde universitaire et décrite comme trahissant la patrie. Le nativisme ne s'est pas construit aux Pays-Bas uniquement contre les étrangers, mais aussi contre ceux qui ne souscrivaient pas à son interprétation de la situation des populations issues de l'immigration.

Le déploiement du nativisme aux Pays-Bas, nous l'avons vu, a déjà une histoire vieille de presque vingt ans. Du fait du décalage dans le temps avec la situation française, où il est apparu plus récemment, observer le contexte néerlandais permet d'anticiper ce à quoi pourront ressembler nos discussions sur la citoyenneté d'ici quelques années si nous n'agissons pas. Or l'antiracisme apparaît déjà, pour de nombreux commentateurs français, comme plus problématique que le racisme lui-même. La recherche en sciences sociales sur ces sujets est de plus en plus contestée, le statut de la connaissance scientifique de plus en plus fragilisé. Que nous réserve l'avenir si nous laissons libre cours au nativisme dans le débat français? C'est pour tenter de l'éviter que nous avons décidé d'écrire ce livre, tout autant que pour démontrer la pertinence d'une autre manière de penser et de parler de la citoyenneté, en connaissance de cause.

Chapitre 2
LE DOUBLE DISCOURS DU RÉPUBLICANISME

Il n'est pas rare d'entendre que le modèle français de citoyenneté est difficile à comprendre en dehors de nos frontières. Encore récemment, cette incompréhension a donné lieu à un échange entre des organes de presse britanniques et états-uniens et le président de la République[7]. Ce dernier a pris la plume et son téléphone pour expliquer et justifier la laïcité à ses interlocuteurs, qui s'interrogeaient sur la marginalisation des personnes musulmanes en France.

Face à cette incompréhension du modèle français à l'étranger, plusieurs attitudes sont possibles : la surprise, la moquerie, l'indignation, l'ironie ou encore le dédain. Quel que soit leur style, ces attitudes s'appuient toutes sur le sentiment que cette incompréhension serait la preuve éclatante de la pertinence et de la validité – on pourrait dire la « vérité » – de la tradition politique française vis-à-vis de la laïcité. Au fond, se dit-on, si les étrangers ne comprennent pas ce que nous souhaitons réaliser avec notre universalisme, c'est bien que cet universalisme est singulier, unique et profond.

Pour peu que la perplexité provienne du « monde anglo-saxon », le raisonnement conclut alors à l'aveuglement

7. Ben Smith, « Macron contre les médias américains », *The New York Times*, 15 novembre 2020.

idéologique lié au communautarisme et au multiculturalisme qui nourriraient les traditions politiques de cette partie du monde. D'où une logique finalement assez curieuse: plus l'incompréhension à l'étranger paraît forte, plus la conviction en France que le modèle républicain incarne la «vérité» paraît inébranlable.

Rares sont ceux qui, dans le débat public hexagonal, en viennent à penser, à l'inverse, que ces interrogations nous confrontent à un problème directement lié à notre conception de la citoyenneté, qu'elles mettent plutôt à l'épreuve la cohérence du républicanisme à la française et doivent nous pousser à nous questionner utilement.

Les contradictions du modèle français

Quelles sont ces interrogations? Une fois distillées et dégagées des mauvais procès d'intention, il demeure une contradiction difficile à résoudre entre l'appel à la neutralité de la République et l'invocation d'une culture nationale qui devrait dominer l'espace public. La tradition française renvoie, d'une part, à un universalisme aveugle à toute forme de différences – de «race», de religion, de genre, etc. Elle est liée, d'autre part, à un État qui, loin d'être neutre, est en réalité très intrusif, allant par exemple jusqu'à imposer aux personnes des façons de se vêtir – voire, dans le cas du voile ou du burkini, de se dévêtir. La notion de la neutralité de l'espace public disparaît derrière ce qui ressemble en fait à la volonté d'une majorité. Est considéré comme «neutre» ce qui renvoie aux caractéristiques de la population dominante. Cela interroge donc la qualité de l'universalisme en question, socle revendiqué de la tradition de la citoyenneté française.

Ce questionnement ne devrait pas nous laisser indifférents, mais, au contraire, nous faire réfléchir : avons-nous réellement résolu cette contradiction dans notre approche de l'immigration, de la diversité et des religions en France ? Le modèle français est-il émancipateur pour tous les citoyens et toutes les citoyennes ? S'il ne l'est pas, peut-il réellement se prétendre républicain ? Et si la République est « intraduisible », peut-elle vraiment se réclamer de « l'universel » ?

Ceux qui connaissent le sujet savent que ces questions ne sont pas tout à fait nouvelles dans le débat français : entre la fin des années 1990 et le milieu des années 2000, elles ont autant été travaillées par des chercheurs que par des responsables politiques, des institutions et de nombreux acteurs associatifs, pour aboutir notamment à l'ajout de la lutte contre les discriminations dans les politiques de citoyenneté[8]. Elles ont pourtant disparu du débat et semblent désormais relever de l'indicible. On ne peut qu'être frappé par cette transformation brutale en l'espace de dix ans. Nous en sommes aujourd'hui arrivés au point où le fait même de soulever ces questions est perçu comme illégitime, tandis que celui qui les pose passe aisément pour « l'idiot utile » des « communautaristes », voire des terroristes. Ce point nous ramène à ce que nous avons dit du nativisme dans le chapitre précédent, et à la façon dont il nous semble aujourd'hui fermer l'espace du débat démocratique sur l'immigration et l'islam.

Dans ce chapitre, nous allons nous concentrer sur le discours sur la République dans son rapport à l'immigration

8. Conseil d'État, « Sur le principe d'égalité. Rapport public 1996 », La Documentation française, 1997 ; Véronique De Rudder, Christian Poiret et François Vourc'h, *L'Inégalité raciste. L'universalité républicaine à l'épreuve*, PUF, 2000 ; Cécile Laborde, *Critical Republicanism. The Hijab controversy and political philosophy*, Oxford University Press, 2008.

et à l'islam. Nous allons en particulier mettre au jour les contradictions entre universalisme, « valeurs républicaines » et laïcité, en prenant au sérieux la tension que nous venons d'évoquer entre la neutralité attendue et le culturalisme constaté du républicanisme français.

Notre analyse montrera deux choses. La première est que derrière l'universalisme à la française se niche une approche très culturalisée des appartenances à la citoyenneté, approche qui constitue un terreau fertile pour le tournant nativiste des années 2010 et 2020. La seconde est que la forme prise par le débat sur la laïcité après 2004 a été le vecteur principal de l'accélération de la montée du nativisme en France. Toutefois, il ne s'agissait pas, alors, de la laïcité telle que définie par la loi de 1905, mais d'une laïcité transformée, augmentée, reconfigurée par la problématique du « communautarisme ».

Vous avez dit « universaliste » ?

Commençons par le premier point : la conception supposément universaliste de la citoyenneté à la française est un terreau fertile pour le discours nativiste. Pour le montrer, il nous faut d'abord rappeler le contexte de l'émergence du débat sur la citoyenneté, l'immigration et l'islam en France. On l'oublie souvent, mais l'intérêt porté à la citoyenneté et à la République pour parler d'immigration et d'islam est assez récent. Avant les années 1980, l'immigration n'était pas envisagée comme une problématique de citoyenneté, mais plutôt de travail et de main-d'œuvre. La citoyenneté était une notion un peu vieillotte[9]. Elle

9. Christophe Bertossi, *Les Mots et les Choses de l'immigration en France*, Éditions du Trocadéro, 2021.

n'intéressait pas grand monde. Les employeurs, les pouvoirs publics et les travailleurs étrangers eux-mêmes envisageaient la présence immigrée comme un phénomène temporaire, les uns et les autres pensant qu'elle se solderait par le retour de ces derniers dans leur pays. Or ce « mythe du retour » s'est évanoui brutalement avec la décision prise en 1974 d'interrompre la migration de travail vers la France[10]. Une nouvelle phase s'est ouverte dans l'histoire de l'immigration, avec le début de la sédentarisation des populations immigrées, désormais fixées en France par crainte de ne plus pouvoir revenir après la fermeture des frontières.

Cette sédentarisation s'est accompagnée de la transformation d'une présence d'hommes seuls, éloquemment décrite par Tahar Ben Jelloun dans *La plus haute des solitudes*[11], en présence de familles sur le territoire français. Le Conseil d'État a consacré, en 1978, le droit des immigrés à vivre une vie familiale normale – inscrit dans la Convention européenne des droits de l'homme. Les hommes ont donc été rejoints par leurs familles, lesquelles ont eu accès à la citoyenneté française, en vertu du droit du sol pour les enfants nés en France, et du double droit du sol pour ceux dont les parents eux-mêmes étaient nés en France – ce qui était le cas de ceux qui avaient vu le jour dans les anciennes colonies avant les indépendances.

Une fois ce changement accompli, il faudra tout de même encore attendre plus d'une décennie pour que la question de l'immigration, puis de l'islam, fasse irruption dans le débat public et politique, à la fin des années

---

10. Sylvain Laurens, *Une politisation feutrée. Les hauts fonctionnaires et l'immigration en France (1962-1981)*, Belin, 2009.
11. Tahar Ben Jelloun, *La plus haute des solitudes. Misère affective et sexuelle d'émigrés nord-africains*, Seuil, 1977.

1980[12]. Quant à la laïcité, elle est une «invention» encore plus tardive, datant de la fin des années 1990 et du début des années 2000. Nul n'aurait imaginé auparavant en faire le cadre principal des discussions sur l'immigration et la diversité, car la question laïque, nous l'avons dit, concernait avant tout les liens entre l'enseignement privé et l'enseignement public. L'entrée définitive de la laïcité dans le débat sur l'islam coïncide avec la volonté d'une partie de la droite parlementaire de répondre au «choc du 21 avril 2002», c'est-à-dire à la présence de Jean-Marie Le Pen au second tour de l'élection présidentielle[13].

La seconde moitié de la décennie 1980 inaugure donc une période nouvelle durant laquelle le cadre républicain est restauré pour mettre en mots l'immigration et l'islam en France. Nous avons montré ailleurs comment le vocabulaire aujourd'hui attaché au modèle républicain émerge au cours de cette période[14]. Introuvable avant cette date, il devient le seul référent du débat par la suite.

Cette chronologie est essentielle, car elle montre que nos débats sur la République ne s'inscrivent pas dans une continuité historique qui commencerait en 1789 et se serait poursuivie sans interruption jusqu'à nos jours. Ces débats sont nés au cours d'une séquence entamée il y a environ quarante ans, dans un contexte particulier marqué par l'apparition d'un nouvel acteur politique sur la scène électorale: le Front national (FN). Marginal jusqu'alors, le FN accède au devant de la scène lors des élections municipales

12. Rémi Leveau et Gilles Kepel (dir.), *Les Musulmans dans la société française*, Presses de Sciences Po, 1988; Rémi Leveau et Catherine Wihtol de Wenden, *La Beurgeoisie. Les trois âges de la vie associative issue de l'immigration*, CNRS Éditions, 2001.
13. François Baroin, «Pour une nouvelle laïcité. Rapport au Premier ministre», 2003.
14. Christophe Bertossi, *La Citoyenneté à la française, op. cit.*

de 1983 (avec une victoire symbolique à Dreux), des européennes de 1984 et, surtout, des législatives de 1986. On peut se rendre compte de cette entrée en force du FN en comparant les scores qu'il obtient en 1988, une année électorale importante (avec une présidentielle et des législatives), avec ceux enregistrés quinze ans plus tôt : il attire quarante-cinq fois plus de voix qu'aux législatives de 1973 et trente fois plus qu'à la présidentielle de 1974. Le débat se transforme en conséquence, les partis politiques traditionnels étant bousculés par la façon dont le FN fait de l'immigration une question de premier plan.

C'est dans ce contexte qu'on « redécouvre » la tradition républicaine pour répondre aux questions concernant le rapport de la société française à l'immigration. Le terme « intégration » est popularisé par la gauche socialiste comme une alternative à l'« assimilation ». Mais cet emploi est concomitant à celui d'un autre terme, sans doute encore plus important pour la suite tant il pèse toujours sur les conceptions publiques des questions de citoyenneté et d'immigration : il s'agit de « communautarisme », qui complète le nouveau vocabulaire républicain dès le tout début des années 1990.

En fait, « intégration » et « communautarisme » fonctionnent ensemble dès le début comme des termes jumeaux qui ne peuvent pas se comprendre l'un sans l'autre. Quand l'un (« intégration ») tend vers l'universalisme en puissance dans l'appartenance à la citoyenneté française, l'autre (« communautarisme ») accuse certains groupes immigrés de s'inscrire dans des logiques contraires, ce qui revient à leur faire porter la responsabilité d'un échec éventuel de leur intégration. Dès lors, l'« intégration » est envisagée moins comme une affaire de la société française que comme un problème des immigrés eux-mêmes.

L'analyse détaillée des comptes rendus des auditions et du rapport final de la commission de la nationalité créée en 1987 ainsi que celle des rapports du Haut Conseil à l'intégration, lui-même instauré en 1989, sont très intéressantes de ce point de vue[15]. Elles montrent comment s'opère, dès l'instant où émerge ce vocabulaire, un raisonnement qui fait de l'islam et des musulmans la raison d'être de la redécouverte d'un républicanisme longtemps perçu comme sans intérêt. Elles soulignent à quel point la réactivation de la tradition républicaine est moins tributaire d'un universalisme à réinventer que d'une vision déjà extrêmement culturalisée de la citoyenneté française[16].

Dès 1988, le rapport de la commission de la nationalité, présidée par Marceau Long, mettait en exergue la nouvelle origine des immigrés : venus de plus loin que ceux arrivés au début du XXe siècle, ils auraient apporté des valeurs et des cultures « contradictoires avec les mœurs, l'ordre juridique interne, voire les valeurs » de la société française[17]. Tout au long des années 1990, les rapports du Haut Conseil à l'intégration prolongent cette allégation, en érigeant une frontière entre les citoyens musulmans et les autres, en

---

15. Parmi les rapports du Haut Conseil à l'intégration, on citera en particulier : « Pour un modèle français d'intégration. Premier rapport annuel », La Documentation française, 1991 ; « Liens culturels et intégration. Rapport au Premier ministre », La Documentation française, 1995 ; « Affaiblissement du lien social, enfermement dans les particularismes et intégration dans la cité. Rapport au Premier ministre », La Documentation française, 1997. Sur la commission de la nationalité, on se reportera aux deux tomes du rapport final et des auditions retranscrites dans Marceau Long (dir.), « Être français aujourd'hui et demain. Rapport remis au Premier ministre », La Documentation française, 1988.
16. Christophe Bertossi, *La Citoyenneté à la française*, *op. cit.*
17. Marceau Long (dir.), « Être français aujourd'hui et demain » (tome 2), *op. cit.* p. 48.

soulignant, par exemple, combien « la problématique de la cohésion est aujourd'hui autant économique et sociale que liée à l'origine des hommes », celle-ci pouvant « être un facteur aggravant[18] ».

En 1993, Pierre Mazeaud, alors rapporteur à l'Assemblée nationale du projet de réforme de la nationalité, pouvait alors enfoncer le clou : « J'ajouterai – et je sais qu'on y pense sur l'ensemble de ces bancs – que l'islam n'est pas seulement une religion, mais une véritable règle de vie sociale, juridique, philosophique et économique qui est en contradiction avec nos propres conceptions, comme avec nos propres règles de droit interne. L'islam – et je pense en particulier à la menace du fondamentalisme – refuse, il faut bien le reconnaître, l'adhésion à notre propre société[19]. »

Bref, dès les premiers mots employés pour définir le modèle français à la fin des années 1980 et au début de la décennie 1990, le discours républicain cristallise une frontière morale et culturelle entre les « musulmans », pris comme un bloc, et l'« universel » promis par le modèle français. L'universalisme équivaut en fait à une distance culturelle et sociale qui sépare ce groupe de citoyens du cœur de la citoyenneté française.

Il y a donc quelque chose de problématique dès le commencement de la discussion. Ces éléments culturalisés de l'universalisme français permettent à la position assimilationniste de peser avec force dans le débat. Mais cela ne va pas sans soulever un certain paradoxe car, à vouloir répondre à un « échec » de l'intégration en donnant toujours un peu plus de contenu culturel et identitaire au modèle

18. Haut Conseil à l'intégration, « Affaiblissement du lien social », *op. cit.*, p. 14.
19. Intervention de Pierre Mazeaud, « Débats parlementaires », Assemblée nationale, JO du 11 mai 1993, p. 347-348.

français, on oublie (ou l'on fait mine d'oublier) que ce dernier est déjà beaucoup plus culturalisé qu'on ne le pense.

Qu'est-ce que cela signifie ? On peut observer beaucoup de choses autour des usages politiques du terme « communautarisme », devenu plus récemment une question de « séparatisme ». Ils visent spécifiquement les musulmans – et aucun autre groupe. On pourrait s'amuser à traduire pour d'autres groupes l'injonction au respect des « valeurs républicaines » qui est adressée aux musulmans, notamment sous l'angle de l'égalité entre les hommes et les femmes. Qu'est-ce que cela donnerait à propos de la prêtrise dans l'Église catholique, par exemple ? On voit bien que ce n'est pas du tout de cela que l'on parle lorsqu'on met en relation l'égalité de genre avec le fonctionnement des groupes religieux en France. On pourrait aussi faire une lecture assez intéressante de plusieurs articles du projet de loi sur le « séparatisme islamiste[20] » discuté début 2021 au Parlement. On s'apercevrait que les seules dispositions favorables concernent la religion chrétienne, tandis que toutes les dispositions de contrôle et de coercition visent l'islam.

Tous les groupes immigrés ne sont donc pas logés à la même enseigne. Dans certains cas, par exemple à propos des immigrés venus de Chine, appartenir à une « communauté » a pu être publiquement décrit, à un moment donné, comme un fait positif (cela permettrait de transmettre certaines valeurs telles que la réussite scolaire[21]), alors que

20. Rebaptisé « projet de loi confortant le respect des principes de la République ».

21. Ainsi, « il est vrai que l'individu de culture confucéenne, qu'il soit chinois, coréen ou vietnamien, cherchera en situation d'immigration à trouver une place économique dans la société d'accueil, poussé en cela par un fond culturel qui valorise la compétition intellectuelle et morale, la réussite scolaire, mais aussi définit strictement la place et le rôle de chacun dans la cellule familiale.

c'est assimilé à un «repli identitaire» dès lors qu'il s'agit des personnes originaires du Maghreb ou de Turquie. Cela n'empêche pas l'existence d'un racisme anti-Asiatiques dans la société française, ni une forme d'essentialisation d'une communauté présentée comme un modèle de réussite de l'intégration[22]. Mais cela montre que la dénonciation des pratiques «communautaristes» ne fonctionne pas sur la base de principes généraux: dans les faits, il s'agit d'une accusation à géométrie variable, ciblant les seuls groupes rattachables à l'islam aux yeux du public.

On voit mieux pourquoi République et nativisme ne s'opposent pas par définition. En fait, tel qu'il émerge au milieu des années 1980, le discours républicain constitue un terreau fertile pour le nativisme. Dès le départ, une conception très culturalisée de la citoyenneté est en effet promue, associée à l'idée que les immigrés menacent les valeurs nationales de fragmentation. En faisant de l'intégration des immigrés un problème lié à leur culture et en mettant la peur du «communautarisme» au cœur de ces débats, on a abouti à l'idée que la présence des immigrés postcoloniaux ne pouvait être qu'une impasse pour le modèle français, modèle qu'il conviendrait par conséquent de protéger contre ces immigrés et leurs descendants.

Les commentateurs s'accordent à reconnaître que les individus de culture confucéenne connaissent une intégration sociale plus rapide que d'autres, même lorsqu'ils proviennent au départ d'un milieu rural peu éduqué [...]. Il faut également relativiser le bien-fondé du discours commun qui repose sur une vision des populations asiatiques repliées sur leur "ghetto" ethnique, qui, soutenues par des réseaux d'entraide, surmonteraient aisément les conséquences de la crise économique actuelle. Leur intégration s'effectue d'une manière plus complexe qui tient compte des traits dominants de leur pays d'origine, de leur niveau social, de leur religion et de leur mode de vie en France», Haut Conseil à l'intégration, «Liens culturels et intégration», *op. cit.*, p. 52.

22. Ya-Han Chuang, *Une minorité modèle? Chinois de France et racisme anti-Asiatiques*, La Découverte, 2021.

On perçoit combien cette conclusion n'a plus guère à voir avec la définition universaliste de la citoyenneté française. En effet, qu'est-ce qu'un universalisme qui se ferme aux immigrés ? Sans doute rien de plus qu'une identité nationale comme les autres.

Communautarisme et nativisme

Après l'universalisme, venons-en ainsi au second point de notre analyse : au milieu des années 2000, le débat sur le « communautarisme » (musulman) a transformé la laïcité en vecteur puissant de la montée du nativisme en France.

Là encore, nous avons montré ailleurs en détail les différentes étapes ainsi que les mécanismes à l'œuvre dans un processus de transformation du principe de la laïcité (c'est-à-dire la loi de 1905 sur la séparation entre Églises et État) en valeur culturelle rangée au cœur de l'identité nationale[23]. Ce processus s'enclenche après l'élection en 2002 de Jacques Chirac face à Jean-Marie Le Pen. La droite présidentielle est alors partagée, tout comme le gouvernement. Certains, dont le Premier ministre de l'époque, Jean-Pierre Raffarin, voient dans la laïcité un sujet capable de mobiliser les forces de droite en se différenciant à la fois du FN et de la gauche – cette dernière étant accusée de « s'être largement convertie au multiculturalisme[24] ». Cela débouchera sur la mise en place de la commission sur la laïcité présidée par Bernard Stasi, qui remettra son rapport à Jacques Chirac en décembre 2003. En sortira la loi du 15 mars 2004 interdisant les signes religieux ostensibles dans les écoles publiques.

23. Christophe Bertossi, *La Citoyenneté à la française*, *op. cit.*
24. François Baroin, *Pour une nouvelle laïcité*, *op. cit.*

Face à cette position, le ministre de l'Intérieur de l'époque, Nicolas Sarkozy, investit un registre très différent – et nouveau dans le débat français – en parlant de « discrimination positive ». C'est lui qui nommera un « préfet musulman » dans les Vosges en janvier 2004. Avant cela, il avait fait aboutir les négociations pour l'organisation d'une instance de représentation de l'islam, conclues par le compromis de Nainville-les-Roches en décembre 2002, accord qui donnera naissance au Conseil français du culte musulman (CFCM).

Le thème de la « discrimination positive » fait néanmoins long feu. À l'inverse, celui de la laïcité monte en puissance. Il occasionne un assemblage entre des sujets épars qui finissent par donner un récit de plus en plus cohérent. À commencer par l'école. C'est en effet sur la question scolaire que s'est penchée en priorité la commission Stasi, et la loi de 2004 vise les établissements publics d'enseignement. Mais les travaux de la commission s'élargissent *in fine* à d'autres sujets. À l'hôpital, avec le problème des « cantines parallèles » et celui du refus par certains hommes que des praticiens de sexe masculin soignent leur épouse ou leur fille. Et plus généralement aux services publics, qui seraient débordés par des revendications identitaires auxquelles ils ne sauraient répondre.

Un récit se met alors en place. Le « communautarisme », dont les années 1990 ont fait le totem du débat sur l'intégration, apparaît désormais comme la source des principaux maux de la société française. Un ouvrage paru en 2002 – principalement écrit par l'historien Georges Bensoussan (sous le pseudonyme d'Emmanuel Brenner) – offre ce qui sera, pour de nombreuses années, une métaphore très souvent utilisée et qui résonnera encore après les attentats de 2015. Son titre: *Les Territoires perdus de la République*[25]. L'ouvrage se présente comme une analyse de la situation dans les écoles, où sévirait un nouvel antisémitisme et se constituerait une société parallèle, sur fond d'islamisation de la société française. L'école encore: un rapport de Jean-Pierre Obin dresse en 2004 le tableau de «contre-sociétés», «en rupture avec [les normes de] la société moderne et démocratique», ayant «pris comme héros les partisans de la guerre à outrance contre le monde occidental[26]»...

Lorsque ont lieu, fin 2005, les émeutes dans les «banlieues» – un autre mot particulièrement chargé politiquement au fil de ces différents récits –, les discours politiques et médiatiques peuvent librement mobiliser les schèmes du «danger communautariste», dont la «réalité» s'est «vérifiée» dans les débats sur la laïcité. Les formules pour désigner la «racaille», «l'immigration incontrôlée», la «polygamie» s'enracinent dans une grammaire qui n'est plus universaliste[27]. On peut appliquer à la construction de ce nouveau lexique ce qu'écrivait le sociologue états-unien Joseph Gusfield pour décrire «la construction des problèmes publics». Cet auteur montrait l'importance de la mise en récit, morceau par morceau, pour que «toutes ces représentations mises bout à bout dans une image condensée [...] s'ordonnent dans un drame de l'ordre et de la moralité[28]».

25. Emmanuel Brenner (dir.), *Les Territoires perdus de la République. Antisémitisme, racisme et sexisme en milieu scolaire*, Mille et Une Nuits, 2002.
26. Jean-Pierre Obin, «Les signes et manifestations d'appartenance religieuse dans les établissements scolaires. Rapport au ministre de l'Éducation nationale, de l'Enseignement supérieur et de la Recherche», 2004, p. 31.
27. Voir les nombreuses citations d'intellectuels et de responsables politiques français dans Didier Fassin et Éric Fassin (dir.), *De la question sociale à la question raciale? Représenter la société française*, La Découverte, 2006, p. 6 et suivantes.
28. Joseph Gusfield, *La Culture des problèmes publics. L'alcool au volant: la production d'un ordre symbolique*, Economica, 2009 [1981], p. 92.

Ce « drame de l'ordre et de la moralité » républicains a connu de nombreux développements après 2005 : la création par Nicolas Sarkozy d'un ministère de l'Immigration et de l'Identité nationale en 2007, un débat entre 2008 et 2010 à propos du refus de naturalisation concernant des femmes musulmanes en raison de leur pratique de l'islam, le débat sur la burqa en 2009 et le vote d'une loi interdisant le voile intégral dans l'espace public en 2010, jusqu'au discours de Nicolas Sarkozy à Grenoble en juillet 2010 et au projet de déchoir de leur nationalité les personnes naturalisées qui se rendraient coupables de meurtre de policier ou de gendarme. Avec les attentats de 2015, la notion de « territoires perdus » trouve un écho dans des reportages de la chaîne conservatrice américaine Fox News, avec les fameuses « *no-go zones* » décrites à l'écran[29]. Ces attentats ouvrent également un débat sur la déchéance de la nationalité au cours de l'hiver 2015-2016 – cette fois porté par un gouvernement de gauche. Le projet, au demeurant, ne sera pas plus concrétisé que celui de Nicolas Sarkozy cinq ans plus tôt.

Au fil de ces discussions, on mesure le renversement de paradigme qui s'opère à propos de la laïcité. Le résultat est que le débat politique dépasse aujourd'hui de très loin le cadre de la loi de 1905. Cette dernière donne une définition claire de la laïcité, qui commande la neutralité de l'État en matière de religions tout en garantissant la liberté de conscience des personnes et l'égalité entre les cultes. La laïcité astreint à la neutralité uniquement les agents de l'État, non les usagers. Elle garantit l'exercice des libertés fondamentales, dont la liberté religieuse et la liberté de

29. « Paris attacks prompt fears France's Muslim "no-go" zones incubating jihad », Fox News, 12 janvier 2015 [actualisé le 5 décembre 2015].

conscience. Au sens de la loi de 1905, la laïcité est donc le fondement d'un équilibre dont l'objectif est d'organiser le pluralisme moral de la société française dans l'espace partagé de la citoyenneté. Or, en quelques années, cette définition a subi un processus rapide de politisation qui en a modifié la portée.

Le basculement est d'abord celui de la définition de la neutralité religieuse à l'école. À deux reprises, en 1989 et en 1993, le Conseil d'État avait été interrogé sur le port du voile par des collégiennes musulmanes. La réponse de la plus haute juridiction administrative du pays avait été la suivante : il n'y a pas de contradiction de principe entre la laïcité et le port du voile à l'école, dès lors que celui-ci ne s'assimile pas à du prosélytisme. Ce qui prime par défaut, c'est la liberté religieuse reconnue aux élèves. Après le vote de la loi de 2004, le législateur renverse cet arbitrage entre liberté et neutralité, et il fait de l'interdiction le principe par défaut de la laïcité à l'école.

Le basculement concerne ensuite la portée du concept de neutralité religieuse. Nombreux sont ceux qui ont appelé à étendre la loi sur l'école jusque dans l'espace – privé – des entreprises, par exemple, car la laïcité a fini par devenir un synonyme de la « lutte contre le communautarisme ». La loi sur le voile intégral de 2010 visait, de fait, à étendre le principe d'interdiction de 2004 à tout l'espace public. Comme c'était juridiquement impossible, il a fallu faire preuve d'une grande imagination et inventer une nouvelle notion en droit, dont le Conseil d'État lui-même a souligné la fragilité au regard de la tradition juridique française. Cette notion est celle d'« ordre public immatériel », finalement validée par le Conseil constitutionnel en décembre 2010.

On remarquera à ce propos que le Conseil constitutionnel a validé la loi de 2010 sans se référer ni à la laïcité, ni à la liberté d'expression, ni à la dignité des personnes, mais uniquement à la « sécurité publique » et à l'« exigence minimale de la vie en société ». Avec cette justification de l'interdiction au nom de ce qu'exige « la vie en société » (c'est cela que signifie l'ajout de l'adjectif « immatériel » à la conception traditionnelle de l'ordre public), le saut n'est pas minime. Il fait du port du voile intégral une question fondamentalement et explicitement morale[30].

Il y a donc eu, entre le début des années 2000 et aujourd'hui, un glissement par lequel la laïcité a été transformée d'un principe (l'organisation du pluralisme religieux dans son rapport à l'État) en une valeur. C'est pour cette raison que certains veulent désormais la faire figurer dans une devise augmentée de la République : « Liberté, Égalité, Fraternité, Laïcité ». Mais cette reformulation de la trilogie républicaine manque singulièrement de cohérence, car si la liberté, l'égalité et la fraternité sont effectivement des valeurs, la laïcité, elle, est un principe d'organisation de la société. L'ambivalence ainsi créée n'a rien de fortuit. Quand on exige des religions une discrétion dans l'espace public, non pas en vertu de l'ordre juridique mais au nom d'un ordre moral ou politique, on se place sur un terrain qui est identitaire. La laïcité devient autre chose : elle désigne une attitude culturelle qu'il faudrait adopter pour pouvoir être un citoyen de plein droit.

Or cette compréhension culturalisée de la laïcité a désormais atteint le sommet de l'État. En utilisant la notion très

30. Serge Slama, « Validation de la loi interdisant la dissimulation intégrale du visage dans l'espace public, sous réserve des lieux de culte ouverts au public », *Lettre Actualités Droits-Libertés*, 2010.

problématique d'« insécurité culturelle[31] » ou en se réappropriant la devise « Liberté, Égalité, Fraternité, Laïcité » dans son entretien à *L'Express* de décembre 2020, le président de la République confirme qu'il existe bien une culture fondée sur une identité en France et qu'il y a un problème lorsque cette culture est trop mise en question[32]. Ce type de diagnostic est très facile à comprendre mais, pour le coup, il n'est plus du tout universaliste dans sa portée. Et c'est précisément sur lui que vient s'appuyer le discours nativiste.

Nous voilà donc parvenus à un double constat. La citoyenneté républicaine s'est constituée en France comme un problème de distance culturelle et morale des immigrés, et non comme celui de l'entrée de ces derniers dans l'universalisme républicain. La laïcité a été métamorphosée, au cours des quinze dernières années, en une référence de l'identité nationale : elle n'est plus envisagée comme un principe d'organisation du pluralisme en société mais comme une valeur de portée morale.

Cette évolution était-elle inévitable ? Est-elle due à la pensée républicaine en tant que telle ? La réponse à ces deux questions est claire pour nous : non, le nativisme ne constitue pas le destin inexorable de la République. La définition républicaine de la citoyenneté n'entraîne pas automatiquement une fermeture de celle-ci, en particulier lorsqu'elle s'accompagne d'une pensée critique sur le risque de domination d'un groupe sur un autre dans l'espace public, comme la philosophe Cécile Laborde l'a montré avec force[33]. La question est donc bien politique :

---

31. Une notion forgée par Laurent Bouvet dans *L'Insécurité culturelle*, Fayard, 2015.
32. Laureline Dupont, « Identité, crise sanitaire, complotisme... Macron, l'entretien confession », *L'Express*, 22 décembre 2020.
33. Cécile Laborde, *Français, encore un effort pour être républicains !*, Seuil, 2010.

c'est celle de la construction d'un « problème de l'immigration » par l'instrumentalisation de termes comme « intégration », « assimilation », « communautarisme » et « laïcité » depuis quatre décennies dans le débat français.

D'autres voies auraient été possibles. Cela a été le cas, par exemple, entre 1997 et 2002, au moment de la découverte de la réalité des discriminations. Cela montre qu'il n'y a pas de contenu *a priori* de la République, mais des usages qui peuvent être plus ou moins inclusifs, plus ou moins démocratiques et plus ou moins culturalisés[34].

Dans cette optique, la République peut se définir comme une forme de régime politique, une forme pratique de la souveraineté qui cesse historiquement d'être de droit divin et devient nationale. Elle doit être le véhicule de la démocratie et des droits humains. Faute de la concevoir ainsi, on court le risque de voir les libertés de certains groupes moins respectées. Ce péril aujourd'hui encouru en France ne résulte pas forcément d'une attitude délibérée, mais d'un processus continu de politisation de l'immigration et de la présence des musulmans en France.

Sous ce rapport, il est important de souligner que les « valeurs républicaines » ne correspondent à rien qui puisse être défini rationnellement et systématiquement (hormis les termes de la devise « Liberté, Égalité, Fraternité »). La locution « valeurs républicaines » flotte dans le débat sans être jamais précisément définie. La raison de cette absence de clarté tient sans doute à ce que la formule a été inventée quand on n'a plus rien eu à dire sur la « question sociale ».

34. Sur la période qui va de 1985 à 2010, Christophe Bertossi montre quatre formes successives de formulation de la problématique de la République et de sa citoyenneté : la nationalité, la lutte contre les discriminations, la laïcité et l'ordre public immatériel (*La Citoyenneté à la française*, *op. cit.*, p. 88-126).

Pourquoi mettons-nous à ce point l'accent sur la transformation de la laïcité en une valeur ? Parce que cela change complètement la façon dont le débat démocratique peut aborder ce sujet. On peut discuter démocratiquement de la façon dont doit être défini et appliqué un principe d'organisation de la vie en commun. Mais comment discuter d'une valeur ? Qui peut, par exemple, s'opposer à la liberté, à l'égalité ou à la fraternité ? Consacrées comme valeurs, elles échappent à la critique – et c'est heureux s'agissant de la devise républicaine ! Mais lorsque c'est un critère d'identité qui est érigé en valeur, comment continuer d'en débattre démocratiquement ?

Dans la même perspective critique, on pourrait également s'interroger sur l'usage qui est fait de la notion d'« intégration » dans le débat politique : renvoie-t-elle à autre chose qu'au strict respect de la loi ? Ne devrait-on pas l'aborder sous un angle matériel d'accès aux droits et aux devoirs du citoyen, sans y ajouter de dimension culturelle et morale ? Le rapport sur l'intégration remis en 2018 au Premier ministre par Aurélien Taché s'inscrivait dans cette perspective[35]. L'idée était que l'on ne devait pas demander aux étrangers qui arrivent en France de changer leur culture ou leur religion dès lors qu'ils respectent toutes les lois françaises. *A contrario*, l'État doit s'assurer que ces étrangers ont les mêmes chances que les autres pour devenir des individus autonomes dans la société. Cela signifie, par exemple, l'accès à des cours de français si nécessaire ou l'apprentissage des codes sociaux qui prévalent dans le monde du travail – qui peuvent être très différents de ceux du pays d'origine.

35. Aurélien Taché *et al.*, « 72 propositions pour une politique ambitieuse d'intégration des étrangers arrivant en France. Rapport au Premier ministre », 2018.

Tout cela est matière à discussions dans l'espace public démocratique, dans le cadre des débats sur l'immigration et sur le rapport à l'égalité et à la diversité dans la société française. Ce que nous soulignons ici, c'est que le choix du républicanisme désirable, capable de répondre au mieux à l'exigence de justice à la source de toute forme de citoyenneté, est une question politique, c'est-à-dire une question ouverte, par définition, à différentes perspectives, et non une question fermée d'emblée, prise au piège d'un seul scénario politique et d'un récit unique sur la réalité sociale.

Le fait que la citoyenneté républicaine soit culturalisée, au demeurant, n'est peut-être pas le plus important. Force est de reconnaître que l'affranchissement de la citoyenneté de la forme spécifique de l'État-nation qui l'a vue naître n'est pas chose aisée, surtout d'un point de vue politique. Là se situe tout le débat des années 1990 sur la citoyenneté européenne et la possibilité de faire exister une citoyenneté sans référence à une identité culturelle (nationale), dans la perspective tracée par Jürgen Habermas du «patriotisme constitutionnel». Ces débats n'ont pas permis de surmonter la difficulté de ne pas lier la République à une communauté nationale, c'est-à-dire à un ensemble politique par définition culturalisé. La raison en est qu'il est difficile de fonder une appartenance commune sur des principes politiques purs, sans appuis culturels. Si l'on s'attache d'ailleurs à la définition du républicanisme lui-même comme un courant de la philosophie politique, celui-ci se range sans ambiguïté dans la famille de pensée communautarienne, qui postule l'existence nécessaire d'une identité culturelle commune pour asseoir la citoyenneté. On peut le regretter, bien sûr. Mais le travail à faire reste entier pour décrocher la République de cette vision communautarienne du commun.

Ce qu'il est important d'interroger, en revanche, c'est comment la République est culturalisée : de quelle façon, par quels principes, sur quels critères, à quel degré et par rapport à quels groupes ? Certaines manières de culturaliser la citoyenneté ont pour résultat des formes d'exclusion contraires aux principes de la démocratie libérale et des droits humains. Lorsque c'est le cas, le lien entre appartenance politique (la citoyenneté) et appartenance culturelle (la nation) cesse de participer au projet d'émancipation des citoyens et devient lui-même un vecteur de domination. C'est dans ces situations limites, où l'inclusion et l'exclusion ne répondent plus à des principes généraux de justice, lorsque les conceptions de l'appartenance échouent à passer ce qu'on pourrait appeler l'« épreuve de démocratie », que l'on doit exercer une critique démocratique.

On en revient à la plasticité du républicanisme français dont nous avons parlé plus haut. Elle peut prendre la forme d'événements apparemment anodins mais qui ne le sont pas. Ainsi de la suppression du mot « race » dans le premier article de la Constitution de 1958, qui a fait l'objet d'un grand débat en 2018. Il n'y a guère eu de voix discordantes dans le soutien apporté à cette réforme. Elle a pourtant constitué une première étape pouvant rapidement conduire à affirmer que, s'il n'y a pas de races, il ne peut pas y avoir non plus de racisme. Il est bien sûr très important d'insister sur le fait que les races n'existent pas biologiquement, mais il est tout aussi important de rappeler qu'elles existent socialement, car cela a des conséquences très concrètes en termes de discriminations et d'inégalités. Or cette question constitue aujourd'hui un impensé du débat français : la lutte contre le racisme et les études scientifiques sur le sujet sont devenues suspectes d'être elles-mêmes des entreprises racistes qui trieraient les personnes en fonction de leur origine.

Il est intéressant de comparer cette séquence du débat sur le racisme et l'antiracisme avec celui sur le « mariage pour tous » après 2012. On a vu s'élever alors une critique très forte de la supposée « théorie du genre », qui faisait en sorte de confondre une forme d'idéologie avec ce qui relevait simplement d'un concept de sciences sociales (le genre). Les militants de la Manif pour tous ont pu affirmer qu'il existait une « théorie du genre » dont l'objectif était de défaire la différence entre les hommes et les femmes. Tout le monde à gauche s'est élevé assez fortement contre cette aberration. Or, quand le même raisonnement est aujourd'hui appliqué au racisme, tout le monde recule.

L'universalisme, censé être aveugle aux différences, s'avère donc très sélectif dans les différences qu'il voit et celles qu'il ne voit pas. Il ne s'agit pas d'un problème lié à la critique habituellement adressée au républicanisme de ne considérer que des « individus abstraits ». C'est plutôt un problème de sélectivité entre des groupes perçus ou non comme des entités composant la société politique française. Certains voient reconnues les discriminations qu'ils subissent : c'est le cas des femmes. D'autres non : essentiellement les populations vivant en « banlieue » et qui subissent par ailleurs l'accusation de « communautarisme ».

Mais cette notion de communautarisme n'a pas de valeur analytique dans le sens où elle ne permet pas de comprendre la réalité. Elle est un slogan plutôt qu'un concept clair. C'est la raison pour laquelle le terme n'appartient pas du tout au vocabulaire des sciences sociales. Il n'est utilisé que dans le débat politique et médiatique. Il échoue d'ailleurs à expliquer, par exemple, que les immigrés en France s'identifient rapidement à la citoyenneté française lorsqu'ils deviennent français : l'intégration socioculturelle des populations musulmanes est bien plus forte que dans d'autres pays européens comparables[36]. Le terme « communautarisme » n'explique pas non plus l'échec constant des tentatives pour mobiliser un « vote ethnique » en France[37]. Quant au phénomène de la radicalisation religieuse, il semble que c'est plutôt l'absence d'encadrement des individus – et donc le manque d'une communauté musulmane à laquelle s'identifier – qui l'explique, et non l'inverse. La radicalisation, qui est implicitement prise pour une preuve de l'existence d'un « communautarisme musulman » en France, est en réalité l'illustration de sa faiblesse[38].

Il n'empêche. « Communautarisme » demeure le mot central du discours sur les « valeurs républicaines ». Cela n'est pas sans conséquences. Le terme entretient des représentations englobantes très négatives sur les populations immigrées et leurs enfants ainsi que sur la réalité de l'intégration en France[39]. Il sert à disqualifier l'intégration des immigrés lorsque ceux-ci ont une « origine » perçue comme « un facteur aggravant », pour reprendre l'expression du Haut Conseil à l'intégration que nous avons mentionnée plus haut. Que ce présupposé soit contredit par ce que les sciences sociales ont montré des parcours d'intégration

36. Tom Rosentiel, « The french-muslim connection : Is France doing a better job of integration than its critics ? », Pew Research Center, 17 août 2006.
37. Sylvain Brouard et Vincent Tiberj, *Français comme les autres ? Enquête sur les citoyens d'origine maghrébine, africaine et turque*, Presses de Sciences Po, 2005.
38. John Bowen, *L'Islam, un ennemi idéal,* Albin Michel, 2014.
39. Marwan Mohammed et Julien Talpin, *Communautarisme ?*, PUF, coll. « La vie des idées », 2018.

de ces populations[40] n'a finalement guère d'importance : l'image globalement négative de l'immigration et de l'intégration reste dominante, alors même qu'il y a moins de problèmes d'intégration que la majorité ne le pense.

Doit-on imputer cette réussite au modèle républicain français ? Non. L'intégration marche parce que les gens doivent vivre ensemble. Elle se réalise indifféremment du type de modèle – républicain ou autre – utilisé dans un pays. En revanche, chaque modèle produit sa propre logique discursive, dont l'effet est performatif. Ainsi, les immigrés en France peuvent croire que notre modèle républicain explique leur intégration, puisque tout le monde affirme que c'est grâce au modèle républicain qu'ils sont intégrés…

Cela nous ramène à ce que nous évoquions au début de ce chapitre à propos de la singularité du modèle français et de la difficulté, depuis l'étranger, d'en comprendre la cohérence. D'abord, la synthèse opérée par la citoyenneté à la française entre l'individualisme libéral et la modernité nationale fait la part belle à une conception abstraite de l'intégration qui ne s'intéresse guère aux exceptions que recèle la réalité sociale. On sait également que cette synthèse a historiquement eu pour contrepartie l'exclusion de nombreux groupes : les classes laborieuses, les sujets coloniaux, les femmes, etc. On peut donc reprocher à cette définition de la citoyenneté de privilégier une conception sur-théorisée de ce qui soude les membres d'une société nationale, sans tenir compte de la complexité du réel ni

40. Mirna Safi, « Le processus d'intégration des immigrés en France : inégalités et segmentation », *Revue française de sociologie*, vol. 47, n° 1, 2006, p. 3-48 ; Emmanuelle Santelli, *Grandir en banlieue. Parcours et devenir de jeunes Français d'origine maghrébine*, Ciemi, 2007 ; Jean-Louis Pan Ké Shon et Gregory Verdugo, « Ségrégation et incorporation des immigrés en France. Ampleur et intensité entre 1968 et 2007 », *Revue française de sociologie*, vol. 55, n° 2, 2014, p. 245-283.

des inégalités et des formes d'exclusion qui existent dans le monde vécu.

Mais cette critique doit aussi s'accompagner d'un constat selon nous plus problématique. Le problème n'est pas simplement celui de l'écart entre l'idéal et la réalité : cet écart existera toujours entre ce que « nous » sommes et ce que « nous » voudrions être. Dans cette perspective, n'importe quel modèle est problématique par définition. Il est un écueil, cependant, qui nous semble plus spécifique à la façon dont fonctionne le modèle républicain. Il tient à la façon dont le discours républicain entretient un rapport très ambivalent à la réalité, dans la mesure où il digère sans difficulté les nombreuses contradictions entre la réalité et l'idéal – par exemple, la réalité des discriminations. Au lieu d'en déduire que le problème est celui du modèle, on conclut que ces contradictions s'expliquent par le caractère inabouti de la réalité (l'intégrabilité ou non des immigrés). Ce « défaut » de la réalité au regard des critères de l'idéal républicain est très prégnant dans le récit de ce que la République devrait être. Résultat : alors qu'habituellement c'est la structure logique du modèle que l'on interroge lorsqu'un modèle de pensée a du mal à intégrer la réalité, dans le cas du modèle français, c'est l'inverse. Ces contradictions finissent même par être justifiées au nom du modèle républicain.

En vertu de l'universalisme à la française, il est possible de refuser de voir des discriminations raciales, car, si l'on voulait vraiment les considérer, expliquent aujourd'hui certains de ceux qui se revendiquent du républicanisme, il faudrait pouvoir mobiliser des catégories fondées sur la « race ». Or, cette notion étant problématique, on rabat la lutte contre le racisme et les discriminations sur le racisme, et l'on fait mine de penser qu'il s'agit de la même chose. Dans le cas où cette logique est poussée à l'extrême, on accuse de racisme ceux qui sont engagés dans l'antiracisme.

Cela montre à quel point le discours sur la République est en fait un double discours. Il en appelle à l'égalité de principe entre des individus abstraits, mais il justifie également des formes d'inégalité et d'exclusion à l'égard de certaines personnes qu'il n'envisage pas du tout comme des individus abstraits. Ce double discours rend le discours républicain particulièrement sujet à son instrumentalisation par la logique nativiste.

Politiquement parlant, on pourrait certes trouver un avantage à ce double discours. Le républicanisme, aisément manié par le discours nativiste, demeure le cadre formel de la discussion : aussi peut-on l'utiliser pour conduire la critique des situations d'inégalité manifestement injustifiées. Cela offre la possibilité de rappeler les valeurs de liberté, d'égalité et de fraternité quand l'exclusion va trop loin. Le nativisme peut trouver là un frein lorsqu'il vise trop explicitement certains groupes précis, tels les « musulmans ». C'est toute la différence avec les Pays-Bas (qui fera l'objet du prochain chapitre), où la situation est explicitement culturalisée et la critique des musulmans quasi consensuelle. On ne peut pas opposer à ces discours très négatifs des valeurs comme la liberté et l'égalité « pour tout le monde », comme c'est le cas en France.

Malgré tout, il convient de relativiser cette lecture optimiste du double discours républicain, qui peut tout autant justifier que critiquer l'exclusion de certains citoyens de la société politique nationale. Car c'est précisément à la dimension critique du républicanisme et de l'universalisme à la française que s'attaque la rhétorique nativiste. C'est ce qui explique aujourd'hui la difficulté de mobiliser la République dans la lutte active contre les discriminations et le racisme. Prise au piège, cette lutte devient impossible de l'intérieur du républicanisme français. Le résultat est que l'antiracisme est attaqué au nom de la défense des « valeurs républicaines ». Tel est l'effet du nativisme sur l'universalisme républicain : il en annule la portée critique.

Chapitre 3
LE MULTICULTURALISME INTROUVABLE

Sans trop risquer la caricature, on peut affirmer que beaucoup de nos contemporains imaginent qu'en matière d'intégration des immigrés le monde est divisé en deux camps : l'un ayant opté pour l'assimilation, l'autre pour le multiculturalisme. Cette croyance irrigue l'essentiel du débat politique (et une partie du débat scientifique) depuis les années 1990 en Europe[41].

L'injonction à choisir entre ces deux pôles est devenue quasi systématique, tout particulièrement quand la discussion est pauvre en arguments : « Si vous n'êtes pas pour l'assimilation, c'est que vous êtes pour le multiculturalisme ! » Dans le débat actuel, l'accusation inverse est beaucoup plus rare. L'opposition ne sert donc que dans un sens : elle est à charge contre le multiculturalisme. On est en droit de s'interroger : pourquoi tant d'hostilité ? Dans le cas de la France, on peut le comprendre, d'abord, dans la perspective du républicanisme classique. Pour ce dernier, le multiculturalisme empêche la citoyenneté car il supprime la relation directe entre le citoyen et l'État – même si notre modèle politique repose également sur des institutions intermédiaires, souvent oubliées dans la description

41. Christophe Bertossi et Jan Willem Duyvendak, « Penser le "modèle", changer de question », *Migrations Société*, n° 122, 2009, p. 27-37.

du modèle jacobin français, à commencer par les associations et les organisations syndicales[42].

Hors du monoculturalisme, point de salut ?

Le multiculturalisme se heurte donc à l'individualisme libéral combiné à la forme moderne de l'État-nation. Il suggère d'autres affiliations que la seule citoyenneté nationale. Peu souhaitable dans cette optique, il est néanmoins considéré par certains comme une autre manière d'organiser les appartenances à la société : étrangère, certes, à la tradition française, mais dont on peut tout de même discuter dans le cadre du débat démocratique.

On s'en rend compte : la tonalité de l'hostilité actuelle contre le multiculturalisme en France est tout autre. Pour le républicanisme mâtiné de nativisme, ce modèle n'est plus une variation autour du libéralisme politique[43], il devient l'épouvantail absolu, l'ennemi politique. Il constitue même un moyen de mesurer le degré de nativisme dans les débats sur l'immigration : plus le multiculturalisme est combattu avec virulence et emphase, plus on peut supposer que le propos participe d'une logique nativiste.

Cela explique pourquoi le discours nativiste est peu nuancé. En diabolisant le multiculturalisme, il fait de l'assimilation la seule issue envisageable. Hors du monoculturalisme, point de salut ! Toute personne suspecte de ne pas accepter cette conclusion risque cet anathème à la fois

---

42. Pierre Rosanvallon, *Le Modèle politique français. La société civile contre le jacobinisme de 1789 à nos jours*, Seuil, 2004.
43. Will Kymlicka, *Multicultural Citizenship. A liberal theory of minority rights*, Oxford University Press, 1995 ; Adrian Favell, *Philosophies of Integration. Immigration and the idea of citizenship in France and Britain*, Palgrave Macmillan, 1998.

succinct et terriblement efficace politiquement : « Vous êtes pour le multiculturalisme ! » Ce qui signifie en l'espèce : « Vous n'avez pas voix au chapitre. »

La « tragédie » néerlandaise

Voilà pour la France. Mais qu'en est-il ailleurs, à commencer par ces endroits dans le monde où le multiculturalisme a prétendument constitué une tradition nationale ? Si l'on demandait à un échantillon de lecteurs de citer au moins un pays d'Europe ayant appliqué une forme de multiculturalisme dans ses politiques d'intégration des immigrés, les réponses varieraient sans doute un peu, mais beaucoup mentionneraient les Pays-Bas. À raison. C'est là une évidence pour de nombreux observateurs dans les milieux politiques, médiatiques ou universitaires. Mieux : nombreux sont les Néerlandais convaincus eux-mêmes que le multiculturalisme est utile pour décrire ce que leur pays a fait dans le passé avec les citoyens venus d'ailleurs.

« Dans le passé », bien sûr, car il n'aura échappé à personne que la réalité du multiculturalisme aux Pays-Bas fait l'objet, depuis une vingtaine d'années, de vives controverses portant sur la forme que devraient prendre les politiques d'intégration. Autrement dit, même les Néerlandais semblent convenir à présent que le multiculturalisme a produit une « tragédie », pour reprendre l'expression polémique de l'essayiste Paul Scheffer[44].

Si même ceux qui ont mis cette formule en œuvre ont dû opérer un virage à 180 % et promouvoir l'assimilation en lieu et place du multiculturalisme, c'est donc bien que

44. Paul Scheffer, « Het multiculturele drama », NRC Handelsblad, 29 janvier 2000.

celui-ci pose problème : cela semble tomber sous le sens. À tel point que l'« échec » du multiculturalisme aux Pays-Bas est devenu un argument massue en France pour en appeler à une assimilation encore plus stricte des immigrés, nouveaux comme anciens, et de leurs descendants, ainsi qu'à une approche très culturalisée de la laïcité.

Cet argument serait en effet difficile à contester si l'on pouvait démontrer clairement que le multiculturalisme a bien fait partie des politiques d'intégration néerlandaises dans la période d'après-guerre. Or, à bien observer celles-ci, le multiculturalisme comme modèle national reste introuvable. Nulle trace de quoi que ce soit que l'on puisse appeler le « multiculturalisme néerlandais ». Et ce pour deux raisons.

En premier lieu, il n'y a pas de continuité dans les politiques d'intégration et d'immigration après 1945 aux Pays-Bas. Au contraire, plusieurs approches se sont succédé au cours des quatre dernières décennies, articulant différemment la question de l'intégration socioéconomique (on pourrait dire la « classe ») avec celle de l'intégration socioculturelle (l'identification culturelle à différents groupes minoritaires et à la société nationale).

Deuxièmement, la promotion de l'intégration socioculturelle (plutôt que socioéconomique) des immigrés n'a eu d'importance, dans les propos des responsables politiques, que pendant quelques années de la décennie 1980. Rien, ni avant ni après, ne peut ressembler de près ou de loin au multiculturalisme. En somme, dire que les Pays-Bas ont adopté le multiculturalisme, ce serait comme d'affirmer que la France l'a fait au motif qu'elle a mené des politiques de lutte contre les discriminations entre la fin des années 1990 et le début des années 2000. Cela n'a guère de sens.

Penchons-nous maintenant sur ces politiques d'intégration qui ont si souvent changé depuis l'après-guerre aux Pays-Bas. La première consiste d'abord… en une absence de politique. Quand les travailleurs immigrés ont commencé à affluer au début des années 1960 vers les grandes villes comme Rotterdam et Amsterdam, on supposait, comme en France, qu'ils rentreraient dans leur pays d'origine lorsqu'on n'aurait plus besoin d'eux. Et tout a été fait pour les y encourager. Leur sédentarisation n'ayant pas été anticipée, la question de leur intégration n'a pas été posée. Jusqu'aux années 1970, les Pays-Bas refusent de se considérer comme un pays d'immigration, mais ce déni devient de moins en moins tenable au fur et à mesure de l'installation durable des travailleurs étrangers. L'image de l'immigration est alors affectée par des tensions dans plusieurs villes, notamment à Rotterdam et à Schiedam, et une série d'actes terroristes commis par les membres d'une communauté particulière : les Moluquois. Ce sont ces événements qui inscrivent la question de l'intégration à l'agenda politique.

C'est ainsi qu'à la fin des années 1970 et dans les années 1980 le gouvernement a mis en place sa « politique des minorités ethniques », appuyée sur l'idée qu'il fallait promouvoir l'appartenance socioculturelle des immigrés pour renforcer leur intégration socioéconomique. Si cette politique s'apparente, vu de France, à du multiculturalisme, son objectif n'était pas de créer une société composée de groupes minoritaires, mais de favoriser l'intégration des personnes issues de l'immigration en protégeant leurs caractéristiques culturelles. La « politique des minorités » plaçait au premier plan la lutte contre les discriminations raciales et les inégalités socioéconomiques imputables à ces discriminations. Elle était une réponse au constat que les travailleurs étrangers ne retourneraient pas dans leur pays mais resteraient définitivement aux Pays-Bas.

Cette politique va néanmoins s'essouffler à son tour. À la fin des années 1980, la récession économique, l'augmentation du chômage et d'importantes restrictions budgétaires suscitent des interrogations nouvelles sur la place des immigrés aux Pays-Bas, à partir d'une ligne de pensée mettant l'accent sur l'individu plutôt que sur les groupes minoritaires. Au début des années 1990, on abandonne donc la «politique des minorités» pour se concentrer sur la participation socioéconomique des immigrés à la vie du pays. Ces derniers ne sont plus identifiés à partir de leur culture mais de leur origine étrangère. Le vocabulaire de la «politique des minorités» est remplacé par une distinction binaire entre les Néerlandais de souche (les «autochtones») et ceux venus d'ailleurs (les «allochtones»), ce qui va de pair avec une réflexion sur la citoyenneté active et participative: les immigrés sont appelés à être des citoyens autonomes économiquement et responsables civiquement.

Là encore, cette politique ne survivra pas plus longtemps qu'une décennie. Dès le début des années 2000, le tournant assimilationniste est porté par des courants et des leaders populistes tels que Pim Fortuyn, qui décrivent la situation des immigrés en termes d'échec patent du «multiculturalisme». Ils entendent mettre en place une politique centrée sur la préservation de l'identité nationale, pour que «chacun se conforme aux normes néerlandaises fondamentales[45]». C'est à partir de là que l'opposition entre multiculturalisme et assimilation se constitue dans le discours politique pour légitimer une approche strictement

45. Tweede Kamer (Deuxième Chambre), TK 2003-2004, 29203, n° 1, p. 8.

assimilationniste nationale de l'intégration. Le mot « multiculturalisme » sert désormais à imposer l'assimilation. On n'aura jamais tant parlé de « multiculturalisme » que pour dire qu'il a échoué…

Ainsi, alors que l'on décrit les Pays-Bas comme attachés aux concepts du pluralisme culturel et du multiculturalisme, c'est exactement le contraire qui s'est produit : durant les trois dernières décennies, ils ont tourné le dos à toute politique de reconnaissance des différences culturelles ou religieuses, donnant la primauté à une compréhension monoculturelle de l'identité nationale. Le récit qui veut que le pays ait été confronté aux limites de sa propre tolérance à l'égard des minorités a lui-même été produit par ceux-là mêmes qui voulaient transformer l'identité néerlandaise en un bloc devant refléter la culture majoritaire. La description des Pays-Bas sous l'angle du multiculturalisme n'est donc que le faux nez de la pensée assimilationniste qui l'emporte au tournant des années 2000.

Pourquoi un tel malentendu ?

Comment a-t-on pu décrire les Pays-Bas comme un pays multiculturel si le multiculturalisme n'y a jamais été appliqué comme un cadre idéologique pour organiser l'intégration des immigrés ? Avec quoi l'a-t-on confondu ? Quels éléments ont pu faire croire à l'existence d'un tel modèle ? Pour répondre à ces questions, il nous faut élargir la chronologie et remonter au début du XXe siècle. À partir de là, on peut identifier trois phases.

La première va de la fin de la Première Guerre mondiale à 1968. Au cours de cette période, la vie sociale et institutionnelle est caractérisée par la « pilarisation » que nous avons décrite plus haut, soit la coexistence de deux piliers créés pour les protestants et les catholiques et d'un troisième non confessionnel. Ils dessinent l'espace où s'organisent l'éducation, la presse, le culte et, plus largement, la vie sociale. La raison d'être de ce système très conservateur est de créer les conditions de la paix civile et sociale, sans aller jusqu'à suggérer que la diversité constitutive de la société néerlandaise est un modèle positif. Nombreux sont les observateurs qui ont pris ces piliers pour les prémices du multiculturalisme : rien n'est plus faux. Il ne s'agit pas de valoriser les différences au motif que toutes ces cultures constituent un enrichissement pour la société ; les piliers fonctionnent au contraire comme des mondes séparés.

Au fil des années, ce vécu pluriculturel est perçu comme de plus en plus étouffant. D'où le sentiment de libération qui s'exprime après 1968, quand commence une deuxième phase qui nous entraîne jusqu'aux années 1980. Au tout début des années 1970, la raison d'être des piliers a disparu depuis longtemps, en raison d'un processus de sécularisation rapide qui a créé un hiatus entre un monde où catholiques, protestants et socialistes devaient vivre dans « leur » pilier sans se mélanger et une société réelle où l'on existait en tant qu'individu, hors de tout groupe. 1968 ayant fait voler la pilarisation en éclats, on voit alors s'imposer un programme fondé sur les droits humains dans un sens universel, c'est-à-dire ni territorialisé ni lié à une identité nationale, qui prend la forme d'un cosmopolitisme appuyé sur les principes du libéralisme politique des droits et des libertés fondamentales des individus.

Cette phase s'interrompt à la fin des années 1980, quand s'ouvrent des débats d'un genre nouveau sur l'identité néerlandaise en lien avec l'immigration, dans un contexte de crise économique. Commence alors une troisième phase durant laquelle, jusqu'aux années 2000, les droits humains et les libertés fondamentales sont peu à peu incorporés à une nouvelle conception de l'identité nationale. Comme nous l'avons développé plus haut, on nationalise les droits humains en les décrivant comme «typiquement néerlandais». Être «progressiste» (notamment sur les questions LGBT et l'égalité de genre) relève donc de cette identité.

Il est frappant de voir comment de nombreux observateurs, y compris des chercheurs très sérieux, ont placé les apports respectifs de ces trois phases – pilarisation, libéralisme cosmopolitique et nationalisation des droits humains universaux – au même niveau. Ce faisant, ils ont écrasé des différences fondamentales entre les façons de définir les liens sociaux et les appartenances à la société politique. Au lieu de souligner des ruptures, ils ont supposé une continuité qu'ils ont inscrite dans une cohérence idéologique, et ils ont vu du multiculturalisme (c'est-à-dire le principal terme du débat sur l'intégration des immigrés) là où il y avait tout autre chose. C'est là un immense malentendu!

L'idée que les minorités issues de l'immigration aient pu constituer un pilier nouveau sert souvent à prouver que les Pays-Bas ont eu un modèle multiculturel. Mais les immigrés ont commencé à se sédentariser précisément au moment où la société sortait de la pilarisation. On a également utilisé les politiques de lutte contre les discriminations pour expliquer qu'elles participaient du modèle multiculturel. Or ces politiques n'ont jamais établi un droit collectif à la reconnaissance, mais uniquement un droit individuel à ne pas être discriminé, qui constitue le b.a.-ba du libéralisme politique. En dépit des évidences, la croyance en un modèle multiculturel néerlandais s'est maintenue. Parce que les responsables politiques, les journalistes et les chercheurs comprenaient la réalité néerlandaise sous l'angle du multiculturalisme, tout a été bon pour venir prouver son existence.

Nous avons montré ailleurs de façon détaillée que les indicateurs utilisés par les chercheurs pour qualifier de multiculturelles les politiques néerlandaises ne tenaient pas la route[46]. Soit ils se trompent sur ce qu'est le multiculturalisme en prenant une approche libérale (droits individuels) pour une approche multiculturelle (droits collectifs). Soit ils désignent une chose effectivement propre au multiculturalisme (droits collectifs) mais impossible à identifier dans les politiques mises en œuvre aux Pays-Bas. Dans les deux cas, ils voient du multiculturalisme là où il n'y en a pas : soit parce que ce n'est pas du multiculturalisme, soit parce que cela ne s'applique pas au contexte néerlandais.

Les années 1980 et, surtout, le tournant des années 2000 constituent des périodes très importantes pour expliquer cette erreur. Dans le processus de nationalisation des droits humains qui a défini le progressisme libéral comme « typiquement néerlandais », on a opéré un tri. D'un côté, ce qu'on ne voulait pas garder au motif que cela avait à voir avec le multiculturalisme : la lutte contre les discriminations, par exemple ; des mesures destinées à améliorer la position des groupes défavorisés dans la société néerlandaise sont apparues comme problématiques car suspectes de prolonger le multiculturalisme du passé. De l'autre côté, ce que l'on souhaitait conserver des idées libérales, à commencer par l'égalité de genre et sexuelle, qui n'a pas

46. Jan Willem Duyvendak, Rogier Van Reekum, Fatiha el-Hajjari, Christophe Bertossi, « Mysterious multiculturalism : the risk of using model-based indices for making meaningful comparisons », *Comparative European Politics*, vol. 11, 2013, p. 599-620.

été disqualifiée comme relevant du modèle multiculturel mais, au contraire, absorbée dans l'identité néerlandaise et, partant, culturalisée[47].

« Êtes-vous modernes ? »

Cette chronologie permet de cerner la fabrique du nativisme aux Pays-Bas. La rupture avec la pilarisation opérée au début des années 1970 explique aujourd'hui la résistance à la reconnaissance de nouveaux groupes, qui pourrait être assimilée à une réactivation de la logique des piliers, et donc à une remise en cause de la liberté acquise après 1968. Elle explique aussi pourquoi on demande en permanence aux immigrés : « Êtes-vous modernes ? » De fait, la société néerlandaise n'était pas « moderne » avant 1968. Interroger les nouveaux Néerlandais sur leur « modernité », c'est donc exprimer la crainte d'un retour en arrière. On pourrait s'étonner que la sortie de ce passé « non moderne » se soit concrétisée par la promotion de l'égalité en matière de genre et de sexualités. Compte tenu du conservatisme de la société néerlandaise avant 1968, on aurait en effet pu imaginer qu'un compromis émerge plus facilement à l'égard des minorités culturelles et religieuses qu'à propos du genre et des minorités sexuelles. Comment une société si conservatrice a-t-elle pu faire de ces questions un élément constitutif de son identité ?

Pour le comprendre, il faut se représenter les basculements successifs qui sont intervenus après la fin de la pilarisation et le processus rapide de sécularisation qui l'a accompagnée. Nombreux sont les Néerlandais qui ont tourné le dos à la religion au cours de cette période. En

47. Jan Willem Duyvendak *et al.* (dir.), *The Culturalization of Citizenship, op. cit.*

l'espace de cinq ans, un tiers d'entre eux ont perdu la foi. Pour ceux qui étaient actifs à gauche, cette sécularisation est allée de pair avec la défense des droits des immigrés nouvellement installés – y compris la défense de leur pratique religieuse. Ainsi, après avoir perdu leur foi, ils ont défendu celle des autres, dans la perspective d'un humanisme lié aux droits fondamentaux des personnes[48]. Mais, lorsque cette perspective humaniste et progressiste a fini par être nationalisée comme « typiquement néerlandaise », une distinction s'est opérée entre ce qu'il fallait conserver de cet épisode éminemment libéral et ce qu'il fallait abandonner (par exemple, la lutte contre les discriminations), au nom de la dénonciation d'un « multiculturalisme » diabolisé.

Au fil de ces changements, la conception qu'ont les Néerlandais du vivre-ensemble, avec les différences culturelles et religieuses, s'est transformée. Or cette conception est intrinsèquement liée au sentiment de constituer une nation de minorités : même si les protestants représentent la majorité numérique de la population, il existe tellement de divisions entre leurs différentes Églises que l'idée de majorité demeure très relative. Les Néerlandais ont donc tous une grande sensibilité au fait d'être minoritaires. À partir de là, on distingue deux registres. Le premier consiste à expliquer que, si nous appartenons tous à une minorité, il est nécessaire de nous respecter les uns les autres, ne serait-ce que par pragmatisme. C'est en particulier la perspective

48. On peut donner ici un exemple très personnel. Les parents de Jan Willem Duyvendak ont suivi tous les deux des études de théologie. Son père est devenu pasteur, sa mère est restée mère au foyer, conservatisme social oblige. Tous deux ont perdu la foi à la fin des années 1960 – une situation difficile pour un pasteur ! Le père de Jan Willem Duyvendak dut donc changer de profession. Sa mère commença à travailler au début des années 1970 auprès des immigrés marocains. Deux ans après avoir perdu la foi, elle a ainsi commencé à défendre celle des autres. C'est une expérience familiale, mais à valeur sociologique.

des Verts. Le second, en revanche, explique que toutes les minorités ne se valent pas et que le problème vient de ce que certains groupes minoritaires (entendez les « musulmans ») en attaquent d'autres (les femmes et les minorités sexuelles). Ce registre-là est mobilisé par la plupart des partis politiques aux Pays-Bas. Il débouche finalement sur l'idée selon laquelle il est nécessaire et justifié d'avoir une culture majoritaire.

On perçoit ici le véritable enjeu de la nationalisation de l'humanisme et du progressisme. En jouant sur l'idée que certaines minorités représenteraient une menace pour les valeurs libérales (c'est-à-dire pour la forme « typiquement néerlandaise » d'organiser le vivre-ensemble dans une nation de minorités), on a pu établir l'acte d'accusation contre un multiculturalisme imaginaire. On a pu considérer que les attaques contre les femmes et les minorités sexuelles sont d'autant plus injustifiables qu'elles sont le fait de groupes récemment installés aux Pays-Bas. C'est sur la base de ce discours contre le multiculturalisme, les immigrés et l'islam que s'est constitué le nativisme aux Pays-Bas.

Héritage colonial

Cette façon de représenter les Pays-Bas comme une « nation de minorités » entre bien sûr en dissonance avec le fait que le pays a aussi été une puissance coloniale. Dans cette perspective, l'identité néerlandaise avait tout de même bien un aspect majoritaire. Dans les rapports que l'ancienne métropole entretenait avec l'Indonésie et le Suriname, il y avait déjà une hiérarchie, et donc une relation coloniale de majorité à minorités.

Pour autant, alors que les Pays-Bas sont l'ancienne puissance coloniale de l'Indonésie, c'est-à-dire du plus grand pays musulman au monde en termes de population, l'histoire de la colonisation de ce pays n'a guère pesé dans les débats sur l'islam. La question de l'islam aux Pays-Bas est liée à une immigration qui ne vient pas des anciennes colonies : il s'agit d'une immigration de travailleurs, dans le cadre d'accords avec le Maroc et la Turquie, sur le modèle des *Gastarbeiter* en Allemagne, par exemple. Lorsque ces travailleurs marocains et turcs sont arrivés aux Pays-Bas, ils n'ont pas du tout eu l'impression de pénétrer dans un pays où tout le monde appartenait à une minorité : ils se sont rapidement rendu compte qu'ils étaient perçus comme « différents » et n'étaient pas mis sur un pied d'égalité avec les autres groupes constituant la société néerlandaise. Les catégories qui leur ont été appliquées ont beaucoup varié au fil du temps (comme en France avec les « travailleurs immigrés »), mais, à partir des années 1990, c'est leur appartenance supposée à l'islam qui a été utilisée pour les désigner dans le débat politique et médiatique comme des « musulmans ».

Là, en revanche, où l'héritage colonial s'articule à l'immigration, c'est à propos des personnes venues du Suriname et des Antilles néerlandaises, qui sont également la cible de débats sur l'intégration. À partir du moment où le nativisme a commencé à prendre de l'importance, ces immigrés postcoloniaux, quoique majoritairement chrétiens, n'ont plus été considérés comme de « vrais Néerlandais », parce qu'avec le nativisme le « natif » est aussi devenu de plus en plus blanc. Cela souligne combien le nativisme ne se limite pas à la place de l'islam et des musulmans dans les sociétés européennes d'immigration :

il est également une logique qui s'articule au racisme. Les catégories «raciales» sont tout autant maniées par le discours nativiste que la problématique concernant l'islam et les musulmans.

Une polémique ouverte depuis quelques années peut illustrer cette dimension raciste du nativisme. Cela concerne la tradition de la Saint-Nicolas, célébrée le 5 décembre, et plus spécifiquement le personnage de l'assistant de saint Nicolas, Piet le Noir, le bien nommé. Piet est aux Pays-Bas l'équivalent du père Fouettard, à ceci près qu'il est noir de peau. Pour interpréter son rôle, la tradition veut qu'un acteur blanc se grime en homme noir. La controverse porte donc sur la dimension raciste du «*blackface*» qu'implique cette tradition nationale. En réponse aux critiques, les défenseurs de cette tradition ont mis en doute la véritable appartenance des groupes antiracistes noirs à la société néerlandaise: n'étant pas de «vrais Néerlandais», ils ne devraient pas avoir voix au chapitre. La plupart, pourtant, ont des parents venus du Suriname. Mais leur appartenance à la citoyenneté néerlandaise est perçue comme suspecte en raison de leur couleur de peau. On les a considérés comme une menace pour l'identité nationale dès lors qu'ils se sont attaqués à une tradition telle que celle de Piet le Noir: à cause d'«eux», a-t-on dit, il deviendrait impossible d'être «nous-mêmes chez nous». Cela ressemble à des formules qui ont fait florès aux États-Unis, selon lesquelles «on nous vole nos traditions». Bref, ceux qui «nous» critiquent ne peuvent pas appartenir à «notre» société car ils constituent une menace pour «notre culture».

On voit ici le rapprochement que l'on peut faire avec les développements les plus récents du débat en France sur le racisme et l'antiracisme, par exemple à propos des violences policières. Il est des critiques qui, du point de vue nativiste, ne sont pas légitimes car elles sont portées par des groupes identifiés comme des «étrangers de l'intérieur». Ceux-là sont des citoyens de droit, mais on leur dénie la qualité nécessaire pour participer à la délibération sur les choses publiques. Cela souligne combien le nativisme n'est pas simplement une interrogation sur le choix entre assimilation et multiculturalisme. Derrière le jeu des oppositions, ce discours déploie tout autre chose. Le nativisme est une façon de réorganiser l'inclusion et l'exclusion des membres d'une société à partir d'autres principes que ceux de la citoyenneté. Il n'est pas une option parmi d'autres, qui serait disponible pour la discussion dans un cadre démocratique. Il promeut la sortie du cadre démocratique lui-même pour envisager ce à quoi devraient ressembler les appartenances à la société. La sortie du libéralisme politique est posée comme une voie acceptable et justifiée pour «se sentir (à nouveau) "chez nous" chez nous».

Chapitre 4
UNE NOSTALGIE SANS HISTOIRE

L'étude du discours nativiste en France et aux Pays-Bas met donc au jour une rhétorique très spécifique et d'autant plus efficace qu'elle tient en peu de mots : en condamnant le multiculturalisme, elle fait de l'assimilationnisme la seule issue possible. Cette condamnation s'accompagne d'ailleurs d'une acception très large du terme « multiculturalisme ». Les hérauts du nativisme suggèrent qu'il s'applique à tout ce qui ne ressemble pas, de près ou de loin, à une conception de l'identité nationale prise comme un bloc n'ayant ni début, ni fin, ni aspérités, ni vide, ni manque, ni coutures.

De là, tout découle. Le régime de libertés et des droits fondamentaux propre à la démocratie libérale est accusé d'avoir été trop conciliant, complaisant, voire complice, avec le « communautarisme ». Des principes d'organisation de la chose publique, comme la laïcité, se muent en valeurs morales et culturelles. En jouant sur une confusion sémantique, on fait comme si l'« espace public » (qui correspond à un espace réel, celui des rues de nos villes) était la même chose que la « sphère publique » (un espace institutionnel et théorique, celui de l'État et de la délibération publique). On propose donc d'étendre au premier une neutralité religieuse qui ne s'applique normalement qu'à la seconde, Marine Le Pen s'étant par exemple prononcée, le 20 octobre 2019 au micro de RTL, pour l'interdiction du voile et de la kippa dans l'espace public. La frontière entre sphères publique et privée (ce qui n'est pas l'État) s'en trouve très perturbée. La première, intrusive, grossit à vue d'œil tandis que l'autre est poussée toujours plus loin dans ses retranchements.

Les termes «tolérance» et «progrès», longtemps conjoints, divorcent. Leur tonalité s'inverse. Au nom du progrès, on justifie l'intolérance à l'égard de certains groupes, parce qu'ils ne passent plus, ou plus suffisamment, pour des «natifs».

Ce qui paraissait n'être au départ qu'une question posée à propos de l'immigration et de l'islam finit par ébranler les fondations mêmes de la démocratie. Le discours nativiste rebat les cartes des principes consacrés par la Déclaration des droits de l'homme et du citoyen de 1789, qu'il remplace par une conception identitaire des appartenances citoyennes. Les attaques de Gérald Darmanin, ministre de l'Intérieur, ou Jean-Michel Blanquer, ministre de l'Éducation, contre «l'islamo-gauchisme», qui se sont soldées en février 2021 par l'ouverture d'une enquête par Frédérique Vidal, ministre de l'Enseignement supérieur et de la Recherche, visant à vérifier si les travaux de différents chercheurs relevaient de la science ou du militantisme, sont symptomatiques de cette dérive. La question des droits humains (liberté de conscience, droit à la sûreté, etc.), quand elle est posée pour certaines minorités ethniques ou religieuses, deviendrait antirépublicaine et participerait d'un «islamo-gauchisme». Et posée de manière générale, elle ne recueille le plus souvent que des propos ironiques ou irrités sur le «droit-de-l'hommisme», quand ce n'est pas un véritable procès qui lui est intenté, au nom de la « démocratie[49] ». Certains demandent même explicitement à sortir de la Convention européenne des droits de l'homme[50].

Tournant le dos à la modernité politique, la citoyenneté est transformée en un sentiment identitaire par ceux qui considèrent que la défense de la démocratie libérale ne représente aujourd'hui rien de plus que l'expression d'un biais idéologique. En réalité, ils se sentent surtout menacés par des revendications qui pourraient remettre en cause leurs statuts ou privilèges, et qu'il convient donc de réprimer. Cela dépasse les clivages partisans traditionnels. Tous les repères sont brouillés. La citoyenneté est sens dessus dessous.

Ce qui frappe sans doute le plus dans tout cela, c'est l'aisance avec laquelle nous semblons prêts à abandonner ce qui fut pendant plus de deux siècles le socle de notre tradition politique. L'abandon de la démocratie paraît s'imposer comme une option qui n'est plus inenvisageable aux yeux de beaucoup de commentateurs médiatiques, ce qui laisse songeur. Comment une partie de nos contemporains peut-elle se montrer si encline à se convaincre de la nécessité de sacrifier la démocratie libérale ? Et ce sacrifice, que prétend-il « sauver » exactement ? Si tempête il y a, doit-on impérativement couler le bateau pour en réchapper ?

Pour répondre à ces questions, nous mettrons en évidence, dans ce chapitre, deux aspects importants permettant

49. Jacques Julliard, « Les droits de l'homme contre la démocratie », *Le Figaro*, 5 avril 2021.

50. Alors qu'il était candidat à l'élection présidentielle de 2017, François Fillon déclarait : « La Cour européenne des droits de l'homme (CEDH) se mêle de plus en plus de questions de société, qui font notre identité. On ne peut pas l'accepter. Je proposerai que la France quitte la CEDH. » Voir Jean-Baptiste de Montvalon, « La Cour européenne des droits de l'homme, cible des candidats à la primaire de la droite », *Le Monde*, 14 novembre 2016.

de cerner la rationalité de la rhétorique nativiste et d'expliquer son succès actuel. Nous étudierons d'abord la progression de cette rhétorique en Europe, dans un moment particulier de l'intégration européenne : celui de l'échec du projet d'une citoyenneté sans identité. Nous expliquerons ensuite pourquoi ce discours est aussi – et surtout – une rhétorique de la restauration, qui confronte en permanence le présent à ce qu'aurait été le passé. La pensée nativiste est une pensée nostalgique, mais cette nostalgie est celle d'un passé qui n'a pas de profondeur historique. Une nostalgie sans histoire.

Nativisme contre libéralisme

Revenons d'abord sur l'opposition entre nativisme et libéralisme politique. Pour en prendre la mesure, il nous faut remettre en perspective la place de l'identité nationale dans l'organisation de la citoyenneté libérale en général et de sa version républicaine en particulier.

On l'a déjà évoqué dans les pages qui précèdent, le républicanisme est une pensée de la citoyenneté et de la démocratie qui reste éminemment nationale dans sa formulation. La République apparaît comme une « communauté de citoyens » plutôt que comme une « société d'individus[51] », car elle se pense en relation avec le nationalisme moderne, c'est-à-dire un nationalisme politique plutôt qu'ethnique[52]. La Révolution française a construit le principe de la souveraineté nationale en transférant la

51. On reprend ici les titres de deux ouvrages très différents : Dominique Schnapper, *La Communauté des citoyens. Sur l'idée moderne de nation*, Gallimard, 1994 ; Norbert Elias, *La Société des individus*, Fayard, 1991 [1939-1987].
52. Sur la spécificité du nationalisme moderne, voir Ernest Gellner, *Nations et Nationalismes*, Payot, 1989 [1983].

souveraineté de la personne du roi au peuple constitué en nation ; et l'institution de la citoyenneté s'est progressivement définie dans son rapport au non-national tout au long du XIXe siècle[53].

On peut donc définir l'idéal de la tradition politique française à partir de cette relation entre la démocratie et un nationalisme « ouvert ». La formule a, bien sûr, beaucoup fluctué au fil du temps. Elle a connu des moments de fortes tensions au cours de plusieurs épisodes : le boulangisme des années 1880, l'affaire Dreyfus, la crise des années 1930, Vichy – sans parler de l'Algérie et des colonies, où cette démocratie nationale ne s'est pas appliquée[54]. Il est fort probable que nous vivions actuellement un nouvel épisode de cette longue série de fermetures et d'exclusions nationalistes. À l'inverse, il y a eu des périodes où la relation entre démocratie et nationalisme s'est détendue et où l'on s'est interrogé sur la façon d'appuyer la citoyenneté sur un principe d'inclusion « véritablement » démocratique – entendez par là : qui n'a pas besoin d'enfermer la société politique dans le seul cadre national. Les atrocités du XXe siècle, commises au nom des nationalismes, ont poussé, après-guerre, à promouvoir une démocratie débarrassée de certaines « pathologies » idéologiques liées aux identités nationales et au racisme[55].

---

53. Rogers Brubaker, *Citoyenneté et nationalité en France et en Allemagne*, Belin, 1997 ; Patrick Weil, *Qu'est-ce qu'un Français ? Histoire de la nationalité française depuis la Révolution*, Gallimard, 2005 [Grasset, 2002].
54. Gérard Noiriel, *Immigration, antisémitisme et racisme en France (XIXe-XXe siècle). Discours publics, humiliations privées*, Fayard, 2007.
55. John Rex, *Ethnicité et Citoyenneté. La sociologie des sociétés multiculturelles*, L'Harmattan, 2006 ; Étienne Balibar et Immanuel Wallerstein, *Race, Nation, Classe. Les identités ambiguës*, La Découverte, 1988 ; sur la notion de « pathologie », voir Adrian Favell, *Philosophies of Integration. op. cit.*

Un débat multiforme

C'est à partir de cette perspective que d'importantes réflexions ont été conduites au cours des années 1990 sur la démocratie comme pratique, au-delà de la définition formelle et idéalisée du cadre national. Or, à l'époque, l'horizon européen incarne précisément ce dépassement démocratique du principe national. Les travaux développés en Allemagne par Jürgen Habermas sur le « patriotisme constitutionnel » attirent alors l'attention. Le philosophe s'est interrogé sur la nécessaire reformulation de la citoyenneté nationale allemande après l'épreuve du nazisme. Le résultat a pris la forme d'un « patriotisme » purement politique, débarrassé de son encombrant bagage nationaliste. Cette formule du « patriotisme constitutionnel » trouve tout naturellement un terrain fertile dans le débat sur l'avenir de l'intégration européenne et l'invention d'une citoyenneté dissociée de l'identité nationale et de la nationalité[56]. La réflexion s'incarne dans plusieurs sujets et prend plusieurs formes.

Certains observateurs se concentrent sur un assouplissement de la définition culturelle de l'identité nationale. On parle de « métissage », de langues minoritaires et régionales à protéger : on découvre à l'occasion que la France en compte plus de soixante-quinze, une richesse linguistique jusque-là insoupçonnée, car longtemps masquée par le jacobinisme traditionnel servant à décrire l'identité française[57].

---

56. Jean-Marc Ferry, « Pertinence du postnational », *Esprit*, n° 176, 1991, p. 80-93 ; Jürgen Habermas, *L'Intégration républicaine. Essais de théorie politique*, Fayard, 1996.

57. Voir Norbert Rouland, Stéphane Pierré-Caps et Jacques Poumarède, *Droit des minorités et des peuples autochtones*, PUF, 1996 ; Bernard Cerquiglini, « Les langues de la France. Rapport au ministre de l'Éducation nationale, de la Recherche et de la Technologie et à la ministre de la Culture et de la Communication », 1999.

La question n'a d'ailleurs pas fini d'agiter les hautes sphères de l'État, comme l'a démontré l'épisode qui, en mai 2021, a conduit des députés de la majorité, sous l'impulsion de Jean-Michel Blanquer, à déposer un recours devant le Conseil constitutionnel contre une loi proposée par le député breton Paul Molac, visant à renforcer la protection et l'apprentissage de ces langues. Un texte que leurs collègues avaient pourtant voté, fait inédit sous la ve République[58].

D'autres font porter le débat sur l'engagement civique comme forme d'appartenance. Ils soulignent qu'il n'est pas besoin d'être un national pour être un citoyen. Cette problématique a également été très liée à l'intégration européenne. Pour autant, la citoyenneté européenne créée par le traité de Maastricht n'a pas abouti à une réelle rupture entre citoyenneté et nationalité. En vertu du traité de l'Union européenne, il faut toujours être ressortissant d'un État membre pour accéder au droit de vote aux élections locales et européennes dans un pays autre que celui de sa nationalité. Est mis en lumière le paradoxe civique de la nationalité par lequel des résidents étrangers, pourtant activement engagés dans des associations, soucieux du bien commun et soumis aux mêmes devoirs que les nationaux (dont celui de payer l'impôt), demeurent exclus des droits politiques de la citoyenneté. Le vieux terme anglais de «*denizens*» («résidents») est utilisé pour décrire ces semi-citoyens de fait[59].

Un troisième type de réflexion, enfin, interroge le lien entre citoyenneté et migration au moment où le nombre de migrants internationaux augmente rapidement après

58. Mariama Darame et Benjamin Keltz, «La loi sur les langues régionales crée des tensions au sein de la majorité», *Le Monde*, 9 mai 2021.
59. Tomas Hammar, *Democracy and the Nation State. Aliens, denizens, and citizens in a world of international migration*, Avebury, 1990.

l'ouverture du rideau de fer et la fin de la guerre froide, une phase qui débouchera d'ailleurs sur l'élargissement de l'UE en 2004 et 2007 aux pays baltes et aux anciens pays satellites de l'URSS[60].

Ces différentes pistes d'exploration de la notion de citoyenneté ouvrent de nouveaux horizons. On parle de citoyenneté postnationale, transnationale, cosmopolite[61]. On imagine pouvoir franchir une nouvelle étape historique dans le développement de la démocratie et des formes d'appartenance qui s'y rattachent. Las ! La trajectoire de cette libéralisation de la citoyenneté s'interrompt brutalement au tournant du millénaire. C'est dans la faille ouverte par ce brusque décrochage que le discours nativiste vient s'enraciner. Le nativisme est un contrecoup de l'échec du dépassement du nationalisme par le libéralisme politique.

Faiblesses et contradictions du libéralisme

Cet échec, comment le comprendre ? On doit d'abord rappeler que l'horizon postnational que nous venons de décrire a dû faire face, au moment même où il était formulé, à une concurrence très rude de la part de ceux qui refusaient d'envisager la séparation franche entre la citoyenneté et l'identité nationale. Le débat était essentiel. La citoyenneté postnationale n'a jamais réussi à couvrir la rumeur des voix « néonationales » résolument hostiles à cette évolution[62].

---

60. Rainer Bauböck, *Transnational Citizenship. Membership and rights in international migration*, Edward Elgar Publishing, 1994.
61. Yasemin Nuhoglu Soysal, *Limits of Citizenship. Migrants and postnational membership in Europe*, Chicago University Press, 1994 ; Kimberly Hutchings et Roland Dannreuther (dir.), *Cosmopolitan Citizenship*, Palgrave Macmillan, 1999.
62. Miriam Feldblum, *Reconstructing Citizenship. The politics of nationality reform and immigration in contemporary France*, SUNY Press, 1999.

Sur la question migratoire, ensuite, le libéralisme a entretenu un rapport très ambivalent, tout particulièrement à partir des années 1980, avec le début de la politisation de cette question dans les démocraties occidentales. Le politiste James Hollifield a mis ce processus en évidence par ce qu'il a baptisé le «paradoxe libéral[63]»: le versant économique du libéralisme dépend de plus en plus d'une main-d'œuvre étrangère, tandis que son versant politique s'accommode de mesures de plus en plus restrictives sur les conditions d'entrée et de séjour des étrangers. Alors que le moteur de l'économie libérale fait constamment appel à l'immigration, les politiques migratoires, elles, usent plutôt de la fermeture des frontières pour répondre à la sensibilité des opinions publiques nationales sur le sujet.

Reste enfin ce qui a trait à l'intégration européenne et à son évolution au tout début des années 2000. Beaucoup pensent que la «crise des migrants» de 2015 a ouvert un nouveau chapitre dans l'histoire du projet européen. Or, en fait de «crise des migrants», il s'agit avant tout d'une crise institutionnelle, liée au fonctionnement de l'UE. Les États membres refusent d'appliquer entre eux le principe de solidarité, pourtant au fondement de la construction européenne, ce qui donne lieu à des scènes d'exode sur les routes des Balkans et d'Europe centrale telles qu'on n'en avait plus vu depuis la Seconde Guerre mondiale, les États se renvoyant la responsabilité d'accueillir un million de réfugiés, venus de Syrie pour la plupart. Ils rejettent les décisions de la Commission européenne. Cette crise institutionnelle et politique braque une lumière crue sur la fragilité du projet européen, mais cette fragilité vient de plus loin.

63. James F. Hollifield, *L'Immigration et l'État-nation à la recherche d'un modèle national*, L'Harmattan, 1997.

S'il fallait trouver une date charnière, ce serait plutôt 2005. Cette année-là, on propose aux États membres d'adopter un nouveau traité européen, qui doit matérialiser la transformation de l'UE en une entité politique nouvelle dotée de sa propre constitution. Mais le processus est interrompu par le vote négatif de la France et des Pays-Bas, qui ont choisi d'organiser un référendum pour décider ou non de l'adoption du texte. Pendant la campagne ayant précédé le référendum, la question du traité a été court-circuitée par une autre : celle de l'adhésion à moyen terme de la Turquie à l'UE, dans le prolongement de l'élargissement de 2004 vers l'Europe centrale et orientale. Le résultat de ce télescopage entre deux discussions très différentes, c'est l'invention politique de ce que l'on a appelé « l'identité judéo-chrétienne de l'Europe ».

La boucle est bouclée. Initialement censée dépasser le lien entre identité nationale et identité politique, l'Europe voit sa propre identité politique transformée en une identité culturelle, dans le but de contrer l'entrée d'un pays majoritairement musulman. Et tout cela au moment où, dans les pays européens, on s'interroge sur l'appartenance des citoyens musulmans. Les conséquences perdurent aujourd'hui de façon très concrète, comme en témoigne la tentative de création par la présidente de la Commission européenne, Ursula von der Leyen, d'un commissariat dédié à la « protection du mode de vie européen » en septembre 2019. Son intitulé final, « promotion du mode de vie européen », s'avérera moins négatif, mais il relève toujours d'une conception « culturaliste » de la citoyenneté européenne.

Ainsi, que ce soit sur la définition de l'inclusion démocratique, sur la question de la frontière ou sur celle de l'identité culturelle et politique de la citoyenneté européenne, le libéralisme apparaît comme un programme aussi vulnérable qu'ambivalent. Sur chacun de ces aspects, il a montré ses contradictions et sa faiblesse.

L'inclusion démocratique ? Elle est historiquement liée à l'élargissement des catégories de personnes à inclure, avec l'ouverture de l'accès à la citoyenneté active d'abord aux seules classes possédantes, puis aux classes non possédantes, aux femmes et aux minorités. Un processus parallèle de renforcement des droits des citoyens a également eu lieu, incluant d'abord des droits civils puis politiques, avant qu'y soient ajoutés des droits sociaux[64] – qu'il est toujours possible d'enrichir avec des droits culturels, environnementaux ou climatiques, par exemple. Mais ce processus d'expansion et de renforcement n'est jamais allé jusqu'à rompre avec la rationalité nationale, pour ne pas dire nationaliste, de l'État-nation.

La frontière ? La circulation accélérée des marchandises, des biens et des services sur la planète n'a pas trouvé de parallèle dans la mobilité des personnes. Si le nombre absolu de migrants internationaux a augmenté, ce n'est pas allé de pair avec la création d'un droit à la migration[65].

La citoyenneté européenne ? La raison d'être de l'UE était de créer l'espace d'intégration régionale le plus abouti au monde. Mais on n'a jamais levé ni l'ambivalence de son identité politique et culturelle, ni l'ambiguïté de son mode de fonctionnement : est-elle une réunion de gouvernements nationaux ou bien un gouvernement européen ?

---

64. Thomas Humphrey Marshall, *Citizenship and Social Class*, Cambridge University Press, 1950.
65. Catherine Wihtol de Wenden, *Le Droit d'émigrer*, CNRS Éditions, 2013.

Un discours duplice

Sur ces trois aspects (inclusion, frontières, citoyenneté), on a donc échoué à clarifier de trop nombreux malentendus. Au moment de franchir un nouveau seuil, la démocratie a paru bien fragile, et l'Europe un appui insuffisant. Face à cela, le nativisme a su convaincre qu'il fallait rejeter l'histoire libérale, qui avait fait de la protection des minorités et de leurs droits une question centrale de la démocratie. Et c'est sur ce sentiment antilibéral que la rhétorique nativiste a élaboré les deux catégories d'« étrangers de l'intérieur » (les minorités, en particulier les musulmans, mais aussi les Roms ou les personnes noires, par exemple) et d'« étrangers politiques » (les défenseurs du libéralisme politique, accusés de défendre le multiculturalisme et de trahir l'ordre moral spécifiquement national)[66]. Le nativisme, en effet, ne s'est pas construit uniquement en opposition aux groupes minoritaires, mais aussi contre une élite tout à fait nationale – « native » – engagée dans la défense de l'égalité et la protection des minorités contre les discriminations.

Mais que reste-t-il de la démocratie lorsqu'on la débarrasse du souci de protéger les droits des groupes vulnérables au sein d'une société ? Pas grand-chose, si ce n'est l'argument qu'il faudrait défendre la « majorité ». Or l'histoire a montré que le renforcement des droits des majorités culturelles dans les sociétés nationales n'est pas le meilleur vecteur du projet démocratique…

Le nativisme est donc intrinsèquement lié à la crise de la démocratie libérale. L'un et l'autre entretiennent une relation dynamique, se renforcent mutuellement. On

66. Sur ces deux catégories déjà présentes dans le discours révolutionnaire français, voir Sophie Wahnich, *L'Impossible Citoyen. L'étranger dans le discours de la Révolution française*, Albin Michel, 1997.

aurait pu imaginer, pourtant, que le libéralisme fasse barrage au nativisme, que celui-ci caractérise plutôt des pays non libéraux, comme la Hongrie ou la Pologne. Il n'en est rien. La montée du discours nativiste est particulièrement prégnante dans des pays de forte tradition libérale tels que la Grande-Bretagne, les Pays-Bas, la France ou les États-Unis. Sauf qu'il avance masqué : il se pare de l'apparence formelle du libéralisme pour porter ses coups.

Nous avons vu précédemment comment le nativisme, en France, a intégré le vocabulaire de la laïcité et des « valeurs républicaines » pour attaquer le fondement démocratique de la citoyenneté à la française. Nous avons vu aussi comment, aux Pays-Bas, il s'est appuyé sur l'incorporation du « libéralisme » dans l'identité nationale. En apparence, il n'y a donc rien de plus « républicain » que le discours nativiste en France. De même, il n'y a visiblement que les nativistes qui puissent se prévaloir d'être encore de « vrais libéraux » aux Pays-Bas. Mais, dans les deux cas, il ne reste plus rien de réellement « républicain » ni de proprement « libéral » dans le discours nativiste, dès lors que ce dernier a troqué la démocratie libérale contre une vision essentialisée et identitaire de la communauté politique.

Par cette duplicité, le nativisme revendique une pensée progressiste, alors même qu'il s'agit pour lui de justifier l'exclusion de certains groupes à l'intérieur de la citoyenneté. C'est ainsi qu'aux Pays-Bas certains responsables politiques ont pu tenir les propos les plus racistes qui soient tout en se défendant de toute pensée raciste, en vertu de cet artifice rhétorique qui veut qu'il soit impossible d'être à la fois néerlandais et raciste. Par le même artifice, quoique dans une logique un peu différente, le nativisme à la française a accusé l'antiracisme d'être raciste : puisque la

« race » n'est pas pensable en France (car elle serait « étrangère » à son ordre moral et culturel), ceux qui l'utilisent comme catégorie de lecture du monde social, fût-ce pour dénoncer les inégalités, passent eux-mêmes pour des étrangers à l'ordre « typiquement » français.

Il est difficile de soumettre ce type de propos à la critique. D'abord parce que le républicanisme formel du discours nativiste ne laisse plus aucune prise à la dénonciation des situations d'injustice sociale. Il justifie les hiérarchies sociales et l'exclusion que le républicanisme traditionnel permettait, dans une certaine mesure, de remettre en cause[67].

Une autre difficulté tient à ce que le nativisme impose son cadre de discours. Il enferme avec une grande facilité la critique qui le vise dans les termes qu'il définit lui-même. Aux Pays-Bas, on a ainsi vu apparaître ce que l'on pourrait appeler un « nativisme de gauche » qui, pour s'en prendre aux dérives du discours nativiste de droite et d'extrême droite, utilise le même type d'arguments. On mettra alors en avant que tel anathème contre tel groupe de la société est contraire à l'« esprit néerlandais », qu'il est étranger à ce qui constitue l'identité historique des Pays-Bas et leur rapport à la tolérance et à l'inclusion. C'est dans le même esprit que Barack Obama ou Joe Biden ont pu décrire certaines dérives racistes ou suprémacistes comme des actes *« un-American »*, c'est-à-dire « non américains ». Certes, cette attitude vise l'inclusion plutôt que l'exclusion ; mais, en évoquant des « valeurs » étrangères à ce que « nous » sommes, elle emprunte à la rhétorique nativiste elle-même. Et c'est encore au nom de « nos valeurs » qu'elle défend

67. Véronique De Rudder, Christian Poiret et François Vourc'h, *L'Inégalité raciste, op. cit.* ; Didier Fassin et Éric Fassin (dir.), *De la question sociale à la question raciale ?, op. cit.* ; Christophe Bertossi (dir.), *European Anti-Discrimination and the Politics of Citizenship : Britain and France*, Palgrave Macmillan, 2007.

l'inclusion, plutôt qu'au nom de la démocratie libérale pensée comme le cadre « naturel » de l'organisation de notre vie de citoyens, au sens que les Lumières donnaient à ces mots. La sortie du libéralisme politique est consommée.

Nostalgie d'une grandeur à restaurer

Venons-en maintenant à l'autre caractéristique importante de la rhétorique nativiste. En plus de s'inscrire dans une réaction antilibérale, le nativisme s'incarne dans un récit de la restauration. Dans cette perspective, le présent comme l'avenir ne s'envisagent que comme un retour du passé. Le nativisme, c'est la nostalgie d'une grandeur collective perdue qu'il faudrait restaurer, au risque, sinon, de n'être plus « nous-mêmes », de disparaître, d'être « remplacés ». C'est ce qui a fait l'efficacité d'un slogan politique aujourd'hui célèbre : *« Make America great again »* (« Rendre sa grandeur à l'Amérique »). Quatre mots et un acronyme (MAGA) qui ont conduit Donald Trump à la Maison Blanche en 2016 et dont la force est de déplier un récit programmatique qui articule le présent au passé pour dire ce qu'il en est de « nous ».

Le récit pose en préambule ce que fut « notre » grandeur dans un passé plus ou moins lointain et ce qui a été « notre » déclin dans un passé plus récent. La perte de cette grandeur constitue une faute morale imputable à des personnes ou à des groupes qui, aveuglés par une idéologie mauvaise, « nous » ont éloignés de « notre » véritable destin. Un sursaut salvateur s'impose donc, et il doit l'emporter sur toute autre question, car la grandeur mérite qu'on lui sacrifie ce qui n'est que secondaire – jusqu'à la démocratie libérale s'il le faut, *a fortiori* si c'est elle qui « nous » a séparés de ce passé glorieux. Il ne dépend que de « nous » d'y parvenir, à condition d'avoir la bonne définition de qui « nous » sommes et de faire la distinction entre ceux qui sont véritablement comme « nous » et ceux qui ne pourront jamais le devenir.

Ce sous-texte du MAGA se retrouve quasiment à l'identique dans le discours nativiste en Europe. C'est lui qui a conduit le Royaume-Uni au Brexit. Et c'est lui qui anime les débats sur l'échec du multiculturalisme aux Pays-Bas ou sur le « séparatisme » en France. Dans tous les cas, il s'agit de faire du passé un repère et une boussole pour nous projeter et « nous rendre à nous-mêmes » – en un mot : renaître. Mais pas n'importe quel passé : celui, plus ou moins distant, d'avant l'immigration et le multiculturalisme.

La grâce, la chute et les épreuves

À partir de cette trame commune, on trouvera des nuances dans la façon dont cette relation passé-présent-futur est organisée. Mais nous pouvons identifier au moins trois manières de construire l'intrigue nativiste autour de cette vision nostalgique.

La première consiste à mesurer combien, d'hier à aujourd'hui, « nous » aurions été continûment frappés par la grâce. Une grâce qui « nous » a toujours distingués des « autres ». Par exemple, le havre de paix et de tolérance qu'ont été les Pays-Bas depuis le XVIIe siècle. Le regard rétrospectif abolit tous les obstacles rencontrés dans le passé susceptibles d'atténuer cette vision d'un pays « tolérant depuis Spinoza ». Cette grâce, c'est ce que « nous » sommes en tant que nation et qu'il « nous » faut défendre et préserver. Ici, le mouvement entre passé, présent et futur est celui d'une ligne droite, toujours portée haut par une supériorité morale et culturelle qui «nous» distingue des autres nations. Cette grâce distinctive, il faut donc tout faire pour ne pas la perdre. Ce qui implique de résister pied à pied contre tous ceux qui viendraient l'abîmer.

La deuxième manière d'articuler passé et présent est de constater, à l'inverse, que ce qui fut «notre» supériorité dans un passé glorieux a atteint son nadir. C'est un récit de la chute. Tout contribue désormais à «notre» perte. Si «nous» ne réagissons pas immédiatement de manière radicale, «nous» serons définitivement perdus. Face aux assauts «communautaristes», par exemple, la République aurait perdu ses «territoires». Le scénario est celui de la montée inexorable de forces politiques, culturelles et religieuses contraires, celles qui sont «en rupture avec [les normes de] la société moderne et démocratique», prêtes à «soutenir les partisans de la guerre à outrance contre le monde occidental», pour citer de nouveau les termes du rapport Obin sur l'école en France[68]. Dans cette logique, ne pas réagir maintenant, c'est accepter de sombrer pour toujours. Le mouvement entre passé, présent et futur dessine une courbe très élevée qui a chuté dramatiquement et qu'il est impératif de relever immédiatement, au risque, sinon, de ne plus jamais pouvoir le faire.

La troisième et dernière «intrigue» part du constat que le passé a été une succession d'épreuves ayant toutes contribué à «nous» faire collectivement progresser vers une meilleure version de «nous-mêmes». Le mouvement est celui de l'amélioration continue d'une «civilisation». Chaque fois que le pays a été confronté à une difficulté, il a su la surmonter. Le passé se présente à «nous» comme une accumulation de leçons apprises.

68. Jean-Pierre Obin, «Les signes et manifestations d'appartenance religieuse dans les établissements scolaires», *op. cit.*, p. 31.

Arrêtons-nous un instant pour reprendre une à une ces trois versions du rapport à l'histoire et comprendre ce qu'elles impliquent. Chacune suggère un rapport particulier au « passé problématique » d'un pays. Les questions qui se posent sont alors : quelle place accorder aujourd'hui aux épisodes douloureux du passé ? Quelle politique de l'histoire et de la mémoire faut-il mobiliser ? Chaque intrigue a sa réponse.

L'intrigue de la grâce perpétuelle (les Pays-Bas comme le pays de la tolérance ou la France comme la source même de l'universalisme citoyen) nécessite de minimiser les événements les plus douloureux de l'histoire et d'accorder la plus grande attention aux moments où cette grâce nationale s'est incarnée. Celle de la chute s'inscrit dans ce même appel à l'oubli des épisodes problématiques, au nom d'un passé glorieux. Sans doute plus que le récit de la grâce, celui-ci est fondamentalement nostalgique, car il est mû par l'imminence de la perte de ce qui fit « notre supériorité ». Dans les deux cas, cependant, on voit que la critique du passé constitue un projet malaisé : elle apparaît suspecte ou impossible. La seule émotion ouvertement valorisée est la fierté de « notre histoire ». On privilégie la « grandeur » à la « division ». C'est ainsi qu'on préfère célébrer Napoléon à l'occasion du bicentenaire de sa mort que les 150 ans de la Commune. Ce choix est assumé, y compris par des historiens professionnels tout à fait sérieux comme Pierre Nora[69]. Quant à l'historien plus amateur, il fait du passé un bloc compact où tout est à aimer si l'on aime vraiment son pays (intrigue de la grâce). C'est ce qui explique le succès éditorial d'Éric Zemmour : quand il évoque la grâce éternelle de la nation française, il ne pense

69. « Pierre Nora : "Commémorer Napoléon oui, la Commune, non" », France Inter, 4 mars 2021.

pas à l'universalisme ni à la République et à ses valeurs, mais à une continuité sans interruption de l'Antiquité à nos jours. À la différence d'un Zemmour, les partisans du Printemps républicain concentrent l'attention du public sur le sursaut nécessaire pour «sauver» la République (intrigue de la chute). Ils conçoivent par conséquent que le rapport critique au passé colonial est problématique dès lors qu'il vient nourrir le ressentiment des enfants de l'immigration contre la République. Ce qui entre en résonance avec le travail d'entrepreneurs de mémoire, notamment sur l'histoire coloniale et sur l'Algérie[70]. On se souvient de la tentative d'imposer par la loi l'enseignement des «aspects positifs» de la colonisation française: le projet n'avait pas abouti, mais il avait enflammé le débat politique à quelques semaines des émeutes de 2005[71].

Sous l'angle de la grâce ou de la chute, l'un des ressorts de la nostalgie nativiste est donc de condamner tout rapport critique au passé. La troisième intrigue, celle qui fait du passé une succession d'épreuves surmontées, accorde quant à elle une place aux pages sombres de l'histoire. Dans cette perspective, le colonialisme, par exemple, doit être l'objet d'un inventaire critique. Mais cela signifie également que cette succession d'épreuves surmontées fait de «nous» un pays qui a beaucoup «appris» de l'histoire. Cet aspect a été un point important du débat aux Pays-Bas, et c'est là qu'on en revient au nativisme: s'améliorer en permanence en apprenant de l'histoire est présenté comme quelque chose de «typiquement néerlandais», une façon

70. Johann Michel, *Gouverner les mémoires. Les politiques mémorielles en France*, PUF, 2010.
71. Christophe Bertossi, «Uses of history as a cultural process: integration, citizenship and the boundary-making in contemporary France», *Journal of Ethnic and Migration Studies*, 7 octobre 2020.

de se réaliser sans cesse en dépit des épreuves et grâce à elles. Cette logique est le principal vecteur du « nativisme de gauche ». C'est la version la moins nostalgique et la moins excluante de ce discours, mais elle n'en utilise pas moins la même rhétorique que le nativisme de droite ou d'extrême droite qu'elle entend dénoncer.

Des risques de la comparaison

Cette analyse des différentes façons d'articuler le présent au passé permet de faire ressortir une relation essentielle entre les usages de l'histoire et l'exclusion nativiste. En effet, c'est en ouvrant ou non l'histoire à la critique que l'on ouvre ou non les frontières de l'appartenance à la citoyenneté. Le rapport au passé qui se construit dans ces discours organise aussi le rapport à l'inclusion et à l'exclusion dans nos sociétés.

Avec la montée en puissance des discours nativistes dans les débats sur l'immigration et l'islam en Europe, le passé national est devenu de plus en plus un objet de nostalgie. Pas n'importe quel passé : celui précédant l'immigration récente. Les récits nativistes construisent de toutes pièces un passé d'avant l'installation des immigrés non européens, souvent considérée comme la cause du déclin présumé. C'est dans cette fiction que se construit un sentiment nostalgique fondé sur une classification « temporelle » de la population. De nombreux partis politiques – et pas seulement ceux d'extrême droite – établissent une hiérarchie entre les « natifs » et les « nouveaux arrivants ». L'accent mis sur la temporalité fait qu'il est difficile, pour les nouveaux citoyens « culturellement étrangers[72] », de devenir des citoyens à part

72. Hans-Georg Betz, « Nativism and the success of populist mobilization », *Revista Internacional de Pensamiento Político*, vol. 12, n° 2, 2017, p. 177.

entière. Le sentiment nostalgique les exclut de fait du corps national, en redoublant le thème de la «menace culturelle» qu'ils représenteraient.

C'est que le passé nativiste fait la part belle à une homogénéité fantasmée, à l'âge d'or d'un entre-soi identitaire que rien ne venait déranger auparavant. «Auparavant» signifie «quand nous étions encore nous-mêmes» autant que «quand nous n'étions pas gênés par la présence des autres». Le présent est le miroir négatif de cette nostalgie identitaire purement fictive. Il est une version détériorée, tout aussi fictive, de qui «nous étions alors». Pour trouver les preuves indiscutables de la réalité de cette fiction, le nativisme mobilise le regard public. Il l'attire vers des marqueurs capables de désigner ce par quoi cette communion identitaire serait aujourd'hui perturbée : le voile, la couleur de peau, la construction de mosquées, la consommation de biens culturels «typiques» des «jeunes de banlieues» dans certains contextes institutionnels comme les armées, par exemple[73].

Mais que serait cette présence «étrangère» si elle n'était pas constamment donnée à voir par le discours nativiste? Sans doute simplement une question de justice et de changement social, pas une question d'«identité». En d'autres termes, la dialectique nativiste entre «hier» et «aujourd'hui» est précisément ce qui crée la mise en visibilité de la présence «étrangère». Ce point est important, car il renverse le lien causal que l'on pourrait intuitivement établir entre immigration et nativisme, en faisant du second une réponse à la première. Ce n'est pas le cas. L'immigration n'a pas créé une réaction nativiste à la

73. Christophe Bertossi et Catherine Wihtol de Wenden, *Les Couleurs du drapeau. L'armée française face aux discriminations*, Robert Laffont, 2007.

présence des immigrés et de leurs enfants. Le nativisme ne peut se comprendre que dans la relation complexe qu'il entretient avec la crise du libéralisme. C'est cette articulation qui a produit la visibilité des musulmans et des autres groupes minoritaires jugés problématiques.

Est-ce à dire que toute comparaison entre l'immigration d'aujourd'hui et celle d'hier participe, directement ou indirectement, de la rhétorique nativiste ? Non, bien sûr. Mais toute comparaison historique recèle un tel risque dès lors qu'elle entre dans les répertoires du discours politique sur l'immigration et la diversité. On se souvient, par exemple, que la construction du « problème de l'immigration » en France s'est opérée, dès les auditions de la commission de la nationalité en 1987 et 1988, en comparant les immigrés du moment à ceux arrivés un siècle plus tôt. L'objectif était de définir ce que voulait dire « être français aujourd'hui et demain ». Ce faisant, le rapport a surtout mis en exergue une « nouveauté » : parce qu'ils venaient de plus loin, les immigrés récents ont été décrits comme situés dans une position de distance culturelle, religieuse, morale et affective vis-à-vis de la citoyenneté française. Comparer le présent et le passé, surtout dans le débat politique, c'est donc bien prendre le risque de tordre l'histoire, de projeter dans le passé des catégories anachroniques, de priver cette comparaison de toute profondeur historique.

C'est aussi le cas lorsque nous comparons la position des groupes « raciaux » actuels aux États-Unis à celle qu'ils occupaient un siècle plus tôt. Les catégories « raciales » sont elles aussi des constructions historiques. Au début du XXe siècle, il n'allait pas de soi de classer les immigrés d'Europe du Sud et de l'Est parmi les populations « blanches ». Ceux qui nous paraissent aujourd'hui «blancs» ne l'ont pas toujours été. Les frontières entre «Noirs» et «Blancs» ont évolué historiquement. Il ne s'agit pas d'une différence figée une fois pour toutes, mais de rapports de force qui évoluent dans une société.

Le même principe vaut pour la comparaison entre les immigrés postcoloniaux d'aujourd'hui et les immigrés européens d'hier. Les Italiens et Polonais arrivés en France au début du XXe siècle n'ont pas du tout eu l'impression, à l'époque, d'être perçus comme «non problématiques». Leur intégration a également été un processus conflictuel[74].

En opposant schématiquement des périodes sans prendre en compte les effets du temps sur les institutions de la vie sociale, on produit un récit sans histoire. Et c'est là que le discours nativiste prend sa source : en mettant deux époques en rapport pour nourrir le sentiment nostalgique d'un temps d'avant l'immigration ; en faisant de la singularité culturelle et morale des «nouveaux venus» telle qu'elle est soulignée par la comparaison historique un «défi» que la démocratie seule ne pourrait pas surmonter.

Mais la comparaison historique montre également que le nativisme lui-même n'est pas une exclusivité contemporaine. Il suffit de se souvenir comment Émile Zola fut invité à rentrer «chez lui» (comprenez : en Italie) pour sa défense du capitaine Dreyfus. Journal farouchement antidreyfusard, *Le Pilori* publiait ainsi en 1898 une caricature dont la légende disait : «Puisque Zola est conspué en France, pourquoi ne retournerait-il pas dans sa chère patrie[75] ?»

74. Gérard Noiriel, *Le Creuset français. Histoire de l'immigration, XIXe-XXe siècles*, Seuil, 1988.
75. Pour un ensemble de caricatures visant Zola, voir l'exposition virtuelle que leur consacre la Bibliothèque nationale de France (exposition.bnf.fr/zola).

Chapitre 5
FACE AU NATIVISME, QUELLE RÉPONSE ?

Que peut-on faire pour répondre au nativisme ? Quelles stratégies devrait-on élaborer pour surmonter cette crise de la démocratie libérale ? Quelles forces doivent se mobiliser pour y faire face ? Ces questions nous font quitter le terrain du diagnostic pour entrer de plain-pied sur celui de l'action. Cela change légèrement pour nous la manière de conduire notre discussion. Malgré nos positions objectives très différentes – un homme politique français, des chercheurs français et néerlandais –, nous avons pu jusqu'ici parler d'une seule voix pour décrire et analyser le fonctionnement du nativisme.

Maintenant qu'il s'agit d'interroger le domaine de l'action, nous devons reprendre nos rôles respectifs, car le « savant » et le « politique », pour reprendre la distinction opérée par Max Weber, sont par nature différents. Chacun doit pouvoir prendre position à partir de sa propre position. D'où, pour ce dernier chapitre, un échange à trois voix permettant de mettre en exergue des points de vue différents.

Christophe Bertossi : Derrière le vocabulaire formellement républicain qui est aujourd'hui mobilisé en France pour débattre de l'immigration et de la laïcité, on peut voir émerger, depuis au moins une décennie, un type de discours qui n'est, en réalité, pas du tout républicain et que nous avons appelé le nativisme dans cet ouvrage. Ce discours n'est pas républicain parce qu'il renverse l'équilibre traditionnel de la conception politique de l'appartenance à la citoyenneté française : à la place, il installe une conception culturalisée et identitaire de la citoyenneté, qui construit son argumentaire en faisant de l'islam et des musulmans (et de quelques autres groupes minoritaires) des « étrangers de l'intérieur ». Au lieu de promouvoir une discussion sur la façon dont la laïcité est un principe d'organisation du pluralisme à l'intérieur de l'espace de la citoyenneté, le nativisme utilise l'appartenance, réelle ou supposée, des personnes à l'islam pour les enfermer dans des enclaves symboliques et faire de la laïcité une valeur frontière.

La comparaison entre le débat sur les « valeurs républicaines » en France et celui sur le multiculturalisme aux Pays-Bas souligne également une certaine cohérence du discours nativiste. Le nativisme, en effet, n'est pas de l'ordre de l'improvisation, de l'accident, du lapsus ou du hasard : il relève d'un registre rationnellement constitué. Il ne revendique pas l'assimilation des minorités dans l'identité nationale : il vise explicitement leur exclusion, en contestant le cadre de la démocratie libérale pour envisager l'inclusion citoyenne. Ce raisonnement dépasse de loin les différences habituellement décrites en termes de « modèles nationaux » : républicain dans un cas, multiculturel dans l'autre. Ces oppositions, on l'a vu, ne sont pas utiles pour comprendre les politiques appliquées dans un pays.

Au-delà, donc, des différences de façade, la comparaison de la France avec les Pays-Bas a montré l'émergence d'une pensée qui ne se limite pas à un racisme à l'encontre des immigrés et de leurs descendants (qui n'a, bien sûr, pas disparu) : cette pensée repose sur la fiction selon laquelle une « culture de souche » serait mise en danger par la diversité culturelle issue de l'immigration et par l'arrivée de nouveaux migrants. Le résultat est d'avoir fait naître une défense identitaire des valeurs progressistes, par exemple à propos de l'égalité hommes-femmes. C'est un phénomène profondément paradoxal qui vient brouiller la frontière entre les « progressistes » et les « identitaires ». Et montre, en passant, que la stratégie politique qui se réclame d'une opposition entre le « camp progressiste » et le « camp identitaire » est très ambivalente.

Tous ces éléments considérés ensemble montrent que le nativisme fait peser un risque durable sur l'avenir de la démocratie libérale. Il exproprie la démocratie : ce n'est pas rien ! Face à ce diagnostic, quelle réponse est-il possible d'esquisser ? Que peut-on faire pour limiter la casse ? Quels leviers pourraient être utilisés pour défendre la démocratie ? Que risque-t-il de se passer si nous ne faisons rien ?

De fait, ces questions se posent à tous ceux qui entendent défendre la République comme politique de la démocratie et des droits humains, contre ceux qui en travestissent l'histoire et le projet. Elles s'adressent à tous les démocrates, quelles que soient leurs allégeances politiques, même si elles interrogent avec plus d'insistance la gauche française et européenne. En effet, le surinvestissement par la gauche française des thématiques liées aux « valeurs républicaines » et à la laïcité est venu renforcer ce que nous avons appelé l'« équation nativiste » au tout début de notre réflexion. Une équation qui comprend trois éléments distinctifs : la culturalisation de la citoyenneté ; le rejet du libéralisme politique au nom de la lutte contre le « communautarisme » ;

le renversement de la «tolérance» et du «progressisme», faisant d'un programme d'inclusion un programme justifiant l'exclusion des «étrangers de l'intérieur» et de leurs alliés.

Une question fondamentale est donc : une vision progressiste peut-elle exister à gauche pour s'opposer au nativisme, sans être prise au piège de la définition donnée par le nativisme du progressisme comme un programme antilibéral ? Pour le dire plus abruptement, les progressistes peuvent-ils encore être des libéraux, au sens politique du terme, et comment ? Pour commencer à répondre à cette question, on peut déjà mesurer de quelle manière notre travail de clarification sur la notion de nativisme peut s'avérer utile non seulement pour mieux comprendre l'évolution récente des débats sur l'immigration, l'islam et la démocratie, mais aussi pour intervenir dans l'espace politique aujourd'hui. Cette notion peut-elle changer quelque chose ?

Aurélien Taché : Pour moi, c'est indiscutable ! Depuis que j'emploie la notion de nativisme, je vois comment elle interpelle mes interlocuteurs – mes adversaires comme mes amis politiques, d'ailleurs. Ils perçoivent qu'elle apporte une compréhension nouvelle.

La notion de nativisme, d'abord, permet de clarifier la position que l'on occupe dans le débat. J'ai longtemps voulu me définir à partir du terme «cosmopolitisme», par exemple. Mais ce n'est pas une notion politique : elle n'est pas bien comprise, elle ne parle pas aux gens. Je ne parvenais jamais à me définir clairement. Il y a bien sûr les catégories plus globales, comme «humaniste» et «antiraciste», mais ce n'est pas la même chose : dire que l'on combat le nativisme, c'est incomparablement plus clair.

Cette notion, ensuite, permet de dire des choses plus précises. De mon point de vue, il n'est pas pertinent de dire à tout un tas de gens dans l'espace politique qu'ils sont racistes. Il peut certes exister des porosités, mais ce n'est pas aussi simple. Sur le plan politique, la notion de nativisme permet d'en dire davantage, de mieux expliquer les débats actuels qu'à partir des catégories parfois réductrices du «racisme» et de l'«extrême droite». J'ai été frappé, par exemple, quand j'ai suivi le débat télévisé entre Marine Le Pen et Gérald Darmanin, d'entendre à quel point le discours de la première mobilisait les catégories nativistes[76], qui réussissent à rassembler autour d'elle jusqu'à des Français d'origine immigrée. Or c'est un discours très compliqué à combattre. Il est difficile de réduire à la xénophobie ou au racisme ce que dit Marine Le Pen quand elle explique que les Mahorais votent pour le Rassemblement national parce qu'ils n'acceptent pas l'immigration de Comoriens à Mayotte, source selon eux d'insécurité, ou que les habitants d'origine immigrée des quartiers populaires de Calais votent RN à cause de la situation des exilés qui attendent un passage vers la Grande-Bretagne. Tout cela, c'est du pur nativisme ! Or, si vous n'avez pas la notion pour l'expliquer, vous ne pouvez pas le détecter, donc le comprendre. Expliquer, en revanche, que l'idée d'une ancienneté de l'appartenance est aujourd'hui érigée en critère de hiérarchisation des droits dans le discours sur l'immigration et la diversité : voilà quelque chose d'assez nouveau et d'utile sur le plan politique.

Toute la difficulté, ensuite, consiste à combattre ce nativisme, dans la mesure où il apparaît frappé au coin du bon sens pour la plupart des gens. Beaucoup vous diront :

76. «Vous avez la parole», France 2, 11 février 2021.

« Vous étiez là avant, donc vous avez un peu plus de droits, c'est normal. » Rares sont ceux qui pressentent le coût politique immense de cette hiérarchisation des droits qui contredit la démocratie moderne, comme nous l'avons montré. Alors, la meilleure façon de mettre en lumière la limite du nativisme, c'est de montrer à quel point il serait difficile à mettre en œuvre ! Quand on veut l'appliquer concrètement, on se rend compte en effet que cette théorie n'a aucun sens, sauf à promouvoir une société fermée et ankylosée. On le constate par exemple en observant les jeunes. Quand des mineurs étrangers isolés arrivent dans un quartier populaire, dans une classe où la situation est déjà compliquée, je suis frappé de voir à quel point cela fait du bien à tout le monde. Leur présence crée au sein de la classe une dynamique différente et très forte. Même des personnes qui ne sont pas forcément de gauche vous le diront. C'est bien la preuve que la réalité concrète, la réalité vécue, est « anti-nativiste » par excellence.

Un autre argument apparemment imparable du nativisme concerne l'idée qu'une démocratie « illibérale » serait possible. On vous dira que Viktor Orban a été démocratiquement élu en Hongrie, que son illibéralisme est donc démocratique. C'est là une conception curieuse de ce qui fonde la démocratie : elle témoigne d'une incompréhension profonde de ce qu'est la démocratie dans l'œuvre des philosophes des Lumières, qui suppose une certaine sacralité des droits humains tels que la liberté de la presse ou le droit à la sûreté, sans cesse bafoués en Hongrie. Il y a des liens très forts entre le nativisme et cet illibéralisme, cette pensée contre la démocratie qui s'affranchit du respect des contre-pouvoirs et de la protection des minorités.

Aujourd'hui, il est intéressant d'entendre des personnalités comme Michel Onfray dénoncer la «tyrannie des minorités»... suggérant en creux qu'il faudrait passer à une tyrannie de la majorité. Personne n'aurait osé dire cela il y a encore quelques années: toute la pensée politique de la démocratie moderne a précisément été d'expliquer que la démocratie ne pouvait pas être la tyrannie de la majorité! Maintenant, nous en sommes parvenus au point où certains assument de dire que ce sont les minorités qui imposent leur «tyrannie». Ce mot n'est pas anodin, il faut entendre ce qu'il raconte! Pourtant, je pense que peu de personnes tirent toutes les conséquences de ce type de propos. En débattant récemment contre Éric Zemmour sur CNews, je me disais qu'il fallait bien expliquer à ceux qui nous écoutaient qu'ils vivent actuellement dans un pays dont le projet de société est fondé sur la paix et la tolérance. Zemmour, lui, fanfaronne en affirmant qu'il faut savoir mourir pour la grandeur de son pays. Si on le prenait au pied de la lettre, il faudrait restaurer une grandeur française qui serait celle des conquêtes napoléoniennes et repartir à l'assaut de l'Europe... «Combattre et mourir pour votre grandeur»: je ne crois pas qu'il y aurait beaucoup de monde pour véritablement accepter cela. Or, peu de gens tirent le fil jusque-là. Le public se rend-il bien compte des implications des idées les plus populaires d'Éric Zemmour? Ces idées mobilisent un horizon de violence permanente. Je ne suis pas sûr que ce soit clairement compris par tous ses fans.

Jan Willem Duyvendak: La notion de nativisme peut en effet être très «efficace» dans l'arène politique. Il est d'autant plus urgent et nécessaire de le dire que ce discours est porteur, à droite comme à gauche, de violence et d'exclusion. Poser le problème en ces termes est important, car cela montre que parler de racisme et de discrimination ne suffit pas, que là n'est pas le fin mot de l'histoire. Aux Pays-Bas, personne, dans la classe politique, ne s'est encore emparé de la notion de nativisme. Je ne peux donc pas dire si son utilisation est efficace concrètement, mais je suis convaincu que sa portée dépasse le seul cadre des sciences sociales: elle fonctionne aussi politiquement. En même temps, l'analyse montre également que la lutte sera difficile, car la rhétorique nativiste n'est pas seulement de droite et d'extrême droite: elle est aussi très utilisée à gauche.

J'ajouterai tout de même deux choses à ce qui vient d'être dit. D'abord, le nativisme n'est pas tout à fait une nouveauté: cet argumentaire existait déjà il y a vingt ans, mais de manière moins visible et virulente, dans la mesure où ceux qui se désignent comme la «majorité» ne se sentaient pas aussi menacés qu'aujourd'hui. Le fait de ne plus se sentir «chez soi chez soi» n'étant pas aussi prononcé, il n'était pas nécessaire d'être explicitement agressif à l'égard des minorités.

Ensuite, il existe tout de même des raisons d'être relativement optimiste, car on peut encore mobiliser des sensibilités libérales contre le nativisme. L'étiquette nativiste n'est pas si facile à porter, et la plupart des personnalités politiques ne souhaitent pas apparaître comme telles aux yeux du public. Même s'il peut être avantageux de manier un tel discours, il n'est pas sans danger d'adopter une stratégie reposant sur une hiérarchie entre des citoyens de première et de seconde classe: montrer que la «majorité» devient répressive, c'est risqué pour ladite «majorité». Raison de plus pour démasquer les responsables politiques tentés par le nativisme.

Christophe Bertossi : Retourner l'aspect problématique du nativisme contre ses promoteurs serait peut-être efficace aux Pays-Bas, mais je ne suis pas certain que ça puisse l'être en France, en tout cas dans la période actuelle, compte tenu de l'évolution rapide du débat politique. Je conçois comme vous deux l'efficacité de cette notion pour décrire ce que ni le racisme ni les discriminations ne suffisent à désigner : c'est-à-dire la sortie du libéralisme politique. Or – et c'est de mon point de vue l'essentiel du problème –, l'attractivité du discours nativiste a davantage de poids que la crainte de sortir du cadre du libéralisme politique, qui reste quelque chose de plutôt abstrait pour beaucoup de gens. Il y a donc une grande asymétrie entre les arguments « pour » et « contre » le nativisme.

De surcroît, cette asymétrie ne cesse de se creuser. Imaginait-on il y a seulement vingt ans que l'on devrait à nouveau justifier le principe de non-discrimination entre les citoyens, la protection de la politique d'asile à l'égard des exilés ou la liberté fondamentale de pratiquer sa religion ? Non seulement cela ne va plus de soi, mais la charge de la preuve incombe désormais exclusivement aux voix libérales qui interviennent dans le débat public et politique, où elles sont de moins en moins audibles. C'est au libéralisme de se justifier désormais : cela représente un renversement très important du débat politique depuis l'après-guerre.

Jan Willem Duyvendak : Je perçois bien sûr les risques, mais, si l'on pense en termes d'égalité, je suis un peu plus optimiste, car cette dynamique crée une tension dans l'exclusion : quand un groupe est exclu, on se demande toujours qui sera le prochain… Il y a par exemple dans le programme du Parti pour la liberté (PVV), le grand parti d'extrême droite aux Pays-Bas, une mesure prévoyant d'ôter la nationalité néerlandaise à toutes les personnes possédant actuellement une double nationalité. Cette mesure vise évidemment les immigrés marocains et turcs ainsi que leurs descendants, en raison de leur appartenance à l'islam : là est le critère qui compte vraiment aux yeux des responsables du PVV. Le problème, c'est qu'il y a plus d'un million de binationaux aux Pays-Bas ! Soit bien plus de personnes que les seuls groupes intentionnellement visés. Dans les faits, cela rend cette mesure très difficile à appliquer. Dans un autre registre, je pense à la controverse au sujet des réunions non mixtes[77] organisées par le syndicat étudiant Unef en France. Il n'y a pas que les groupes minoritaires qui usent des réunions non mixtes. Dans ce contexte, il serait difficile de défendre certaines formes de non-mixité du groupe dominant et de priver les autres groupes de cette possibilité... Ce que je veux dire, c'est que la valeur d'égalité protège quand même contre certaines politiques nativistes. En vertu du principe d'égalité, il y a une limite à ce que le groupe majoritaire peut imposer aux minoritaires. Nul ne peut affirmer que la non-mixité c'est bien pour la majorité mais inacceptable pour les minorités sans apparaître comme complètement incohérent.

---

77. Pratique militante héritée des mouvements féministes et du Civil Rights Movement aux États-Unis, permettant à des personnes partageant des expériences et des problèmes communs d'en parler entre elles pendant une période temporaire. Le 19 mars 2020, le ministre français de l'Éducation assimile sur BFMTV/RMC ces pratiques à « du fascisme », en visant explicitement des groupes de parole internes organisés par l'Union nationale des étudiants de France (Unef), donnant lieu à des polémiques et à de multiples débats au sein de la sphère politico-médiatique. Des sénateurs de droite, dans le cadre des débats sur le projet de loi « confortant les principes de la République », ont défendu un amendement visant à interdire les réunions non mixtes au motif qu'elles seraient « racistes » et « dangereuses pour l'intérêt général ».

Christophe Bertossi : C'est tout à fait exact… en principe. Mais les réunions non mixtes de l'Unef constituent un très bon exemple, dans la mesure où elles révèlent toute l'ambivalence du lien entre la valeur d'égalité et les relations de pouvoir et d'asymétrie entre les groupes. Avec le nativisme, on peut embrasser l'égalité comme une valeur « typiquement française », tout en dénonçant la possibilité des groupes subalternes de s'organiser comme le font ceux de la majorité, à l'instar de l'Automobile Club de France, réservé aux hommes. Et ce sans susciter de polémiques.

Là où ça devient compliqué, c'est que la rhétorique nativiste justifie ce « deux poids, deux mesures ». Il n'y a pas vraiment de tension, selon moi, parce que le nativisme confère une cohérence formelle à cette contradiction dans l'application sélective de la valeur d'égalité. J'en veux pour preuve la façon dont le mot « communautarisme » fonctionne dans le débat français : il vise certains groupes (en général les musulmans) et pas d'autres (il a épargné, pour le moment, ceux issus de l'immigration chinoise).

Jan Willem Duyvendak : N'est-il pas tout de même difficile de dénier des droits à certains groupes tout en les exigeant pour soi-même ? Ce que j'ai voulu dire, surtout, c'est que cet aspect du nativisme constitue un levier convaincant pour mobiliser contre lui. C'est là que réside la grande fragilité du nativisme. Sensibiliser sur la question de l'égalité est une façon de le contrer.

Christophe Bertossi : Ce sera peut-être la conclusion de la polémique française sur la non-mixité mais, pour le moment en tout cas, ce n'est pas la direction prise par le débat. Au-delà de cet exemple, cependant, je voudrais souligner deux aspects relatifs aux effets du nativisme sur la rhétorique politique.

Premièrement, la cohérence n'est pas l'unité de mesure de l'efficacité en politique. Je parle d'efficacité parce que c'est elle que mettent en avant les nativistes dans leur attaque contre le libéralisme : ils ne disent pas que le libéralisme est illégitime, ils disent qu'il est inefficace pour répondre aux problèmes de notre temps. Plutôt que la cohérence d'un raisonnement, ils préfèrent mobiliser des arguments tels que l'« urgence », par exemple. Or, l'urgence, ça n'existe pas en soi : ça se construit. Et cette construction mobilise de nombreux acteurs, elle implique des choix pour décrire la réalité sous tel ou tel aspect. Le nativisme joue parfaitement de cette urgence : il en va ainsi du « sursaut salvateur » face aux « territoires perdus de la République », qu'il faudrait sauver « maintenant ou jamais ».

Ainsi, l'urgence d'intervenir est un argument qui mobilise davantage que la cohérence de l'intervention elle-même. Le débat autour de la « loi sur le séparatisme » l'illustre bien : il s'agissait de viser un groupe particulier en raison de son appartenance à l'islam, sans avoir anticipé le fait qu'on allait rogner dans la foulée les droits et les libertés d'autres groupes. Ce n'est pas pour rien que le texte a suscité l'inquiétude des représentants des Églises chrétiennes[78]. Il s'était passé la même chose en 2004 avec le vote de la loi sur l'interdiction des signes religieux à l'école publique : en interdisant le voile, on a aussi proscrit les « grandes croix », pour montrer qu'on était formellement attaché au respect de la valeur d'égalité, mais on n'avait pas pensé aux garçons sikhs portant le turban. C'est

78. « Loi séparatisme : l'appel des Églises chrétiennes, inquiètes pour leur liberté », *Le Figaro*, 9 mars 2021.

en appliquant la loi qu'on a découvert l'existence de ces élèves. Ils ont été des « dommages collatéraux ».

Si on n'avait pas pensé aux Sikhs, c'est que là n'était pas le but de la loi de 2004 : son but était de travailler sur la visibilité des élèves musulmanes. Un travail tout à fait ambigu car il ne visait pas à rendre les musulmans invisibles mais, au contraire, à créer une « visibilisation » justifiant l'urgence d'une réponse sous l'angle de la laïcité comme valeur frontière. Par ailleurs, l'application de la valeur d'égalité entre les élèves n'était aucunement pensée comme découlant de façon cohérente de la loi de 2004. Certes, on interdisait les « grandes croix », mais pas les petites croix que portent habituellement les élèves de confession chrétienne. Qui se pare de « grandes croix » à l'école ?

Cela rejoint l'exemple, évoqué au chapitre 1, de ce responsable d'un établissement scolaire protestant, aux Pays-Bas, qui avait suscité le débat en demandant aux parents d'élèves de condamner explicitement l'homosexualité. Sa réponse avait été que la question de l'homophobie ne concernait pas les chrétiens, mais les musulmans… Il était certes pris en défaut de cohérence (on est homophobe ou on ne l'est pas, quelle que soit la confession à laquelle on appartient), mais ce n'était pas important dans la mesure où ce qui primait était de répondre à l'« urgence de la situation », qui, elle, ne concerne que les musulmans… Voilà donc pour le premier aspect : le sentiment d'urgence l'emporte sur la preuve de la cohérence du discours nativiste.

Le second aspect que je souhaite souligner est tout à fait complémentaire : la cohérence du libéralisme ne résiste pas facilement à l'épreuve que lui fait passer le nativisme, qui mobilise des bouts de réalité *ad hoc*. Il n'y a pas en face du libéralisme politique un autre système dont on puisse rationnellement comparer les avantages et les inconvénients. Il y a un système – le libéralisme politique – et une multitude de contre-arguments utilisés pour contester la valeur normative de la démocratie, sans que ceux qui les profèrent soient le moins du monde obligés de prouver qu'ils possèdent, eux, une quelconque valeur normative. Le combat est donc vraiment inégal. Ajoutez à cela que, dans un régime de «post-vérité», ce face-à-face inégal est encore plus déstabilisant pour la pensée politique libérale.

Défendre l'État de droit et la démocratie libérale est donc compliqué face à un discours qui établit que la situation vécue est trop grave pour ne pas agir tout de suite. Là réside la véritable signification du fameux commentaire de Gérald Darmanin sur le «bon sens du boucher-charcutier de Tourcoing[79]». L'objectivation de la réalité n'est plus une étape obligatoire pour entamer l'édifice de l'État de droit. Ce phénomène a des effets majeurs sur ce qui peut désormais être dit, sans véritable contrôle de soi, dans l'arène politique. C'est un carburant très puissant du nativisme, qui limite beaucoup, selon moi, la portée critique de la valeur d'égalité.

Jan Willem Duyvendak: Cela montre aussi, sans doute, que le registre que l'on peut mobiliser aux Pays-Bas est différent de celui que l'on peut mobiliser en France. Chez nous, les attaques contre certains droits utilisés par les musulmans sont limitées par le fait que les mêmes droits profitent à des groupes «natifs»: protestants, chrétiens orthodoxes ou juifs. Il en va ainsi de la viande halal, par exemple: les conditions

---

79. Dans un entretien paru dans *L'Express* du 18 mai 2021, le ministre de l'Intérieur explique: «J'aime beaucoup les enquêtes de victimation et les experts médiatiques, mais je préfère le bon sens du boucher-charcutier de Tourcoing.»

d'abattage des animaux ont fait débat, mais on s'est vite aperçu que les Juifs avaient peu ou prou les mêmes pratiques que les musulmans. Le débat s'est donc arrêté là.

Christophe Bertossi : Effectivement, on perçoit une différence entre les deux pays en termes de « tyrannie de la majorité ». Nous avons, en France, un répertoire culturel de la majorité (attachée à un État et à une identité nationale), là où, aux Pays-Bas, vous avez ce répertoire d'une « nation de minorités ». Cela crée des contextes assez différents pour le nativisme : il est plus difficile d'évacuer entièrement le cadre du libéralisme politique aux Pays-Bas qu'en France. En conséquence, la critique du nativisme ne trouve pas les mêmes points d'accroche dans les deux pays. En France, elle est confrontée à une position de surplomb de la majorité à l'égard des groupes visés par le nativisme. Aux Pays-Bas, le pluralisme qui organise le rapport entre minorités et « natifs » laisse davantage de prise au libéralisme.

Aurélien Taché : Indiscutablement, la différence entre nos deux pays est très claire. En France, il est plus difficile d'avoir ces débats parce qu'on vous dira que les minorités n'existent pas ! On vous expliquera qu'il n'y a qu'une nation homogène et que ni les origines ni la couleur de peau ne peuvent être prises en compte. La simple catégorie de « minorité » est difficile à mobiliser, à gauche comme à droite, au nom du jacobinisme national et de l'universalisme républicain.

Ce qu'ajoute le nativisme à cet argument traditionnel du républicanisme, c'est ce renversement par lequel les racistes sont les antiracistes. Ce point domine dans le débat médiatique actuel comme sur les réseaux sociaux. Certains vont jusqu'à affirmer que le seul racisme existant aujourd'hui en France est le « racisme anti-Blancs » ! Et l'argument n'est pas monopolisé par l'ultra-droite : loin de là. Ceux qui tiennent ces propos ne comprennent rien à la réalité vécue par les personnes discriminées en raison de leur couleur de peau, de leur religion ou de leurs origines. C'est pour cette raison que j'avais proposé une « convention citoyenne » sur les discriminations, car je pense que la plupart de nos concitoyens n'ont pas conscience de leur ampleur, l'extrême droite ayant même réussi à instiller l'idée que les immigrés ou leurs descendants, à travers la politique de la ville notamment, auraient plus de droits que les autres. Le regard nativiste n'y résisterait sûrement pas !

Quoi qu'il en soit, la réussite des nativistes est d'avoir diffusé l'idée – tout à fait fausse – qu'il existerait désormais en France une « préférence étrangère », que les nouveaux arrivants auraient plus de droits que ceux qui sont déjà là. Le nativisme s'imprègne ici d'égoïsme, contribuant à répandre largement les idées du Rassemblement national. Dans l'esprit des personnes qui sont sensibles à ces discours, ceux qui arrivent seraient animés de la volonté de « ne rien faire » ou de « profiter du système ». On pourrait aisément démontrer l'inverse, mais le RN a réussi à rendre cette idée *mainstream*.

À cette idée fausse sur les immigrés vient s'ajouter celle, typiquement française et très actuelle, qu'employer le mot « race » serait raciste, alors même qu'on ne l'emploie justement que pour dénoncer le racisme. Nous en sommes arrivés au point où le simple fait d'évoquer la notion de « minorité » vous classe d'emblée dans la catégorie « séparatiste ». Ce terme de « séparatisme », nouvellement apparu dans le vocabulaire politique français, fonctionne comme un pendant de l'« islamo-gauchisme ». Dans les plus récents débats, les « islamo-gauchistes » sont décrits comme les alliés des « séparatistes », illustration parfaite de notre analyse sur le discours nativiste et la façon dont il vise deux groupes : les « étrangers de l'intérieur » et les « natifs » qui pensent autre chose que les nativistes de la situation des populations issues de l'immigration. Censée concerner les islamistes, la catégorie « séparatiste » est désormais utilisée contre les antiracistes dès lors qu'ils tentent d'expliquer que l'antiracisme ne peut se limiter à psalmodier l'universalisme. C'est aujourd'hui une accusation mobilisable contre les mouvements antiracistes utilisant des outils de lutte contestataires. On m'explique par exemple que ceux qui soutiennent le combat d'Assa Traoré seraient « racistes », qu'ils n'aimeraient pas les Blancs, ne « nous » aimeraient pas. Mais cela n'a rien à voir ! Par ailleurs, s'il est encore possible, à la limite, de problématiser en termes de « séparatisme » la volonté de groupes confessionnels de mener des vies « séparées » du reste de la société, cela n'a plus aucun sens sur les questions de « race ». Il serait absurde de dire que les personnes noires voudraient se « séparer »...

Jan Willem Duyvendak : La situation politique française, je m'en rends compte, est plus dure, en tout cas en ce moment. Mais nous subissons peu ou prou, aux Pays-Bas, le même type d'attaques contre les minorités et ceux qui les défendent. Certes, nous n'avons pas de loi contre le « séparatisme », mais il est sans cesse question de « mondes parallèles » dans le débat politique pour désigner le fait que des personnes sortiraient du monde de « tout le monde » pour se retirer dans le leur. Cela concerne aussi des valeurs qui seraient très différentes entre « leur » monde et le « nôtre ».

Analyser ces discours en termes de nativisme permet de montrer que le reproche de « séparation » suggère avant tout la responsabilité des groupes minoritaires : ils s'excluraient eux-mêmes de la société. Alors qu'en réalité c'est surtout la majorité, dans cette dynamique nativiste, qui les pousse dehors. L'objectif de notre analyse n'est pas de victimiser qui que ce soit, mais de décrire les mécanismes qui entrent en jeu, à commencer par la responsabilité de la majorité dans le fait de créer ou non la possibilité pour tous de participer à la société.

À cela s'ajoute que la gauche, souvent, n'ose pas parler des atteintes aux libertés qui peuvent avoir lieu dans certains groupes, afin de ne pas prêter le flanc aux attaques de la droite et de l'extrême droite. Par exemple, des Néerlandais-Marocains ont expliqué avoir souffert en tant que femmes ou qu'homosexuels. La droite a immédiatement réagi en incriminant l'islam. Et la gauche s'est empêchée de formuler une critique, de peur de renforcer les partis de droite. Mais rien ne l'oblige, pour cela, à reproduire le discours nativiste ! Pourquoi n'utilise-t-elle pas ce qui structure son propre discours ? Cela signifie rejeter la rhétorique expliquant que ces personnes « ne sont pas vraiment néerlandaises », tout en dénonçant les pratiques sexistes et homophobes pour ce qu'elles sont en termes de droits humains. Si l'on veut opposer une réponse libérale au nativisme, il est important que la liberté soit garantie pour tout le monde. Critiquer ceux qui ne respectent pas les droits humains, c'est montrer qu'ils font partie de la même société politique. C'est montrer qu'on les respecte puisqu'on les prend au sérieux. Ce n'est ni du paternalisme ni une attitude proclamant « moi je suis néerlandais et toi tu ne l'es pas ». La critique fait partie du débat démocratique.

C'est avec des pratiques libérales qu'on sauvera le libéralisme démocratique.

Il n'en reste pas moins, je le conçois, que c'est risqué, particulièrement en France, dans un contexte où cette critique pourrait être instrumentalisée au détriment des minorités et déboucher sur encore plus de marginalisation.

Aurélien Taché : Cela nous ramène à la question de ce qui fonde une société politique. Est-ce la nation ? Intellectuellement, cela ne fonctionne pas. La nation, c'est historique, c'est empirique, mais ce n'est pas une théorie générale de la démocratie. Lorsque l'on prend la nation comme cadre de la discussion, on est toujours soumis au tropisme de l'assimilation et de l'essentialisation de l'identité. Cela conduit à faire des distinctions graduées, avec des citoyens qui seront toujours rejetés, sauf à mobiliser des trésors d'ingéniosité sur le plan économique ou social – et encore, même ainsi, ce ne sera jamais complètement gagné pour tout le monde.

Le point de départ est donc bien de se mettre d'accord : il existe des éléments intangibles tels que l'égalité des droits, les droits humains ; dès que vous en sortez, vous êtes dans un système qui ne tient plus rationnellement, qui implique des hiérarchies et des formes d'exclusion. Vous dessinez une société qui ne s'appuie plus sur l'égalité devant la loi et la liberté pour tous. Le nativisme est une pensée politique qui veut que la nation ne puisse s'édifier que sur des particularismes culturels. Les nativistes ne croient pas aux droits humains, tout simplement.

Christophe Bertossi : C'est pourquoi il est difficile de contrer le nativisme par une simple sensibilisation à l'égalité. Comme je l'ai dit, le combat est inégal entre le libéralisme et le nativisme : il tourne toujours à la faveur du nativisme.

Jan Willem Duyvendak : L'exemple français l'illustre très bien, en effet. C'est pourtant contre-intuitif, il me semble. Vu de l'étranger, la France semblait immunisée contre la montée du nativisme, précisément en raison de la place qu'occupe l'égalité dans sa tradition politique : c'est un terme de sa devise, un héritage révolutionnaire, un élément constitutionnel, etc. On aurait donc plutôt imaginé que ce répertoire très républicain de l'égalité soit mobilisé contre le nativisme. Or c'est l'inverse qui s'est produit. Au lieu d'être universaliste, la citoyenneté républicaine est désormais très culturaliste, comme nous l'avons vu.

Je disais tout à l'heure que l'égalité pouvait servir d'outil pour mettre en lumière la fragilité du nativisme. Mais le libéralisme aussi a une fragilité : du fait qu'il est très rationnel, il ne porte pas en lui-même une politique émotionnelle de l'appartenance. Son échec est de n'avoir pas su produire de sentiment d'appartenance. Pour convaincre les gens de l'importance du libéralisme politique, on doit pouvoir penser un libéralisme « sentimental », mais qui ne soit pas uniquement décliné au niveau national. C'est capital, car un libéralisme sentimental national, c'est l'État-nation et ses échecs, y compris dans la dérive nativiste. Il faut donc pouvoir penser à plusieurs échelles, du local au supranational. C'est moins excluant que le monopole national sur les questions d'appartenance. Pour moi, c'est le début d'une réponse.

Christophe Bertossi : Sur ce point, la comparaison entre les Pays-Bas et la France est éclairante. Elle montre un processus très similaire dans les deux pays : dans un cas, on a nationalisé le libéralisme ; dans l'autre, on a culturalisé l'universalisme.

Jan Willem Duyvendak : Il y a en effet chez nous un nativisme libéral quand s'exprime chez vous un libéralisme nativiste ! La logique est différente, mais les résultats sont les mêmes. Cela constitue dans tous les cas un grand risque.

Aurélien Taché : Je suis d'accord sur le fait qu'aujourd'hui la simple idée de liberté ne sera pas suffisante pour contrer le nativisme. Il nous faut sans doute revenir à des notions encore plus fondamentales, comme la paix ou l'humanisme : si la population n'a pas conscience des implications des choix faits par les tenants du nativisme, si elle n'est pas convaincue qu'ils la conduiront vers la violence et une régression de ses propres droits, la situation sera un jour très difficile. Même si, pour l'instant, ce ne sont que des spéculations, nous pourrions connaître des drames qui ne seront certes jamais exactement ceux que nous avons vécus dans le passé, avec l'horreur de la déportation, par exemple, mais qui prendront une forme nouvelle. Il nous faudra alors renouer avec la logique intellectuelle et politique de l'humanisme, voire d'un nouvel humanisme. Ainsi, l'écologie pourrait modifier notre rapport à la démocratie en nous faisant prendre conscience collectivement que nous n'avons qu'une planète, que le réchauffement climatique générera d'importantes migrations et qu'il nous faut donc bâtir un ordre démocratique international pour préserver la planète et penser l'émancipation. Il y a là des ferments très puissants sur le plan anthropologique et idéologique, avec des utopies très fortes qui peuvent, en intégrant l'ensemble du vivant à la pensée humaniste, faire émerger une nouvelle transcendance qui ne se fonde pas sur une religion ou un particularisme culturel.

Christophe Bertossi : En somme, pour répondre au nativisme, il faudrait que nous soyons capables de réactiver un ressort utopique.

Aurélien Taché : Je crois en effet qu'il faut rendre leur importance aux droits humains et redire qu'ils sont la base de tout. On a trop laissé les ricaneurs fustiger les « droits-de-l'hommistes ». Il faut certainement réinventer les droits humains, par exemple dans leur rapport au vivant, comme je viens de l'évoquer. Dans l'humanisme, on a longtemps oublié les trois quarts de l'humanité : les femmes et les non-Blancs. Il est certainement possible, aujourd'hui, d'élargir encore son périmètre pour penser le rapport entre humains et non-humains. C'est d'ailleurs sans doute la plus importante leçon à retirer de la pandémie de covid-19. Réactiver « le ressort utopique » dont parle Christophe Bertossi passerait plutôt par là, selon moi.

Le nativisme, par ailleurs, n'est pas exclusivement lié au nationalisme moderne et au cadre de l'État-nation. Les débats sur l'intégration européenne peuvent également être observés sous cet angle. Alors que la construction européenne envisageait une autre forme politique que le seul État-nation en privilégiant une démocratie fondée sur les droits humains, on a vu monter le nativisme en Europe au moment où il gagnait du terrain dans plusieurs pays de l'Ouest et de l'Est. Le même mouvement de « culturalisation » de l'appartenance européenne s'est opéré, avec une insistance sur les racines « judéo-chrétiennes » de l'Europe.

En créant un commissariat dédié à la « protection du mode de vie européen » (qui ressemble à une version européenne du ministère de l'Immigration et de l'Identité nationale instauré par Nicolas Sarkozy en son temps), l'actuelle présidente de la Commission européenne, Ursula von der Leyen, semble elle aussi avoir été influencée par l'idéologie nativiste, tournant ainsi le dos à la tradition universaliste qui est aussi celle de la Charte des droits fondamentaux de l'Union européenne, qui a pourtant valeur de traité. Le nativisme est donc aussi un frein à l'échelle internationale. Par exemple, il condamne par avance tout projet d'espace démocratique intégré autour de la Méditerranée, un projet politique qui aurait, dans ce cas-là, un caractère véritablement universel.

On le voit, la portée du nativisme est en réalité immense, et sa force est d'avancer masqué. Il ne cesse de gagner du terrain sans avoir jusqu'à présent suscité de réelle analyse, et alors que la plupart des observateurs peinent encore à simplement le nommer. On mesure l'immensité de l'entreprise. Mais je suis convaincu que la tâche commence par ce que nous avons voulu faire ici tous les trois, c'est-à-dire déconstruire le nativisme en le montrant pour ce qu'il est : un piège de notre temps pour la démocratie.

Achevé d'imprimer en septembre 2021 par Laballery (France)
Numéro d'impression : 109084
Dépôt légal : octobre 2021